地震予知大転換

最近の地震災害の現場から

国士舘大学 防災・救急救助総合研究所 教授
元 NHK解説委員

山﨑 登

近代消防社 刊

はじめに

2017年（平成29年）9月まで自然災害と防災を担当するNHKの解説委員をしていて、各地で起きた地震災害の現場や国の地震防災対策を継続的に取材してきたが、最近の二つの地震取材はとりわけ強く印象に残っている。一つは2016年（平成28年）4月に発生した熊本地震、もう一つは2017年（平成29年）の東海地震対策を巡る国の動きだ。どちらも今後の地震防災を考える上で重要なテーマだ。そこでこの本では、この二つの地震を巡る取材を中心にまとめてみたいと思っている。

熊本地震の被災地に初めて取材に入って見た光景や行政や住民から話を聞いた時に、〝この光景は前に見たことがある〟〝この話は前に聞いたことがある〟と感じたことを今も忘れないでいる。

熊本市から車で益城町に向かっていくと、徐々に壊れた住宅などの建物が多くなり、その下敷きになって多くの人が亡くなったことがわかった。また慌しく災害対応に追われている役場の対策本部の職員や避難所の住民から、「雨の災害は起きるかもしれないと想定していた」が、「こんな大きな地震が熊本で起きるとは思わなかった」という話を多くの人から聞いた。

〝あの時もそうだった〟と思い出したのは1995年（平成7年）1月17日㈫に起きた阪神・淡路大震災だ。地震発生の直後に神戸市を取材したが、おしゃれな港街という印象が強かった神戸市に多くの古い木造住宅があって、それが壊れて多くの人が亡くなったことに驚いた。また「関西には地震はないと思っていた」とか「大きな地震が起きるのは東日本や北日本のことだと思っていた」という声を多くの人から聞いた。そこで地震に弱い住宅など建物の耐震化を進めることと、日本はどこであっても強い地震に襲われる恐れがあることを認識することが阪神・淡路大震災の最大の教訓となった。

それから21年経った熊本地震の被災地で見たり、聞いたりしたことが教えたことは過去の教訓を生かすことの大切さと難しさだった。

日本でこの100年ほどの間に大震災と呼ばれる地震災害が3つ起きたが、犠牲者がでた最大の要因はそれぞれ違っている。2011年（平成23年）3月11日㈮の東日本大震災では津波による溺死が最も多く、死者全体の90％以上を占めた。また阪神・淡路大震災では住宅など建物が壊れ、地震発生が早朝の時間だったことから寝ていた人などが閉じ込められたり、押しつぶされたりした圧死や窒息が全体の80％を超えた。さらに1923年（大正12年）9月1日㈯の関東大震災は、地震の後に起きた大規模な火災に巻き込まれて亡くなった焼死が全体の90％近かった。

東日本大震災の後、全国的に津波対策への関心が高まり、避難タワーの建設や避難態勢の整備などの対策が進められ、各地の防災訓練でも津波を想定したものが多くなったが、直近の大災害に引きずられることなく、地域の特性や過去の災害履歴などを参考にしながら、偏ることなく対策を進めておかなくてはいけないということを熊本地震の被災地を取材しながら考えた。

また様々な地震災害の現場取材で、防災対策にはつながりがあることも学んだ。阪神・淡路大震災では多くの住宅が倒壊した地域のほうが火災の発生率が高かった。住宅などの建物が壊れて木材がむき出しになったり、ガスが漏れやすくなったり、電線が傷んだりスイッチの入った電気器具がそのまま放置されたりして火災が起きやすくなったのだ。また東日本大震災では、避難の支障になったものに部屋の中で倒れた家具や散乱した生活用品をあげた人が多かった。

つまり住宅の耐震化や家具の固定は、それによって亡くなったりケガをしたりする人を少なくするだけでなく、地震後の火災の発生を抑えたり、津波の避難を素早くするのにも効果があるということだ。

もう一つの東海地震については、自然災害や防災の取材を始めてから30年余りの間いつ起きてもおかしくないといわれ続けてきた。東海地震は予知を前提に対策がとられてきた唯一の地震で、１９８０年代の終わり頃の（昭和60年代の初め頃）「防災の日」の訓練の取材では、気象庁の前から「東海地震が2、3日のうちに発生する恐れが高いという専門家の判断が出て、まもなく国が警戒宣言を発表する運びです」などと生中継をした記憶がある。国が法律まで作って予知を目指してきた東海地震対策は、予知の段階があるぶんだけ対策が複雑で課題も大きく、常に重要な取材テーマであり続けた。阪神・淡路大震災や東日本大震災の発生後も、地震予知を前提にした対策については見直しの議論があったがなかなか進まなかった。東海地震対策の法律ができてから39年経って地震防災対策は予知を前提としないかたちで進められることになった。これは国の地震防災対策の大転換だ。

1章は、熊本地震の衝撃と問われている問題点について、
2章は、東日本大震災の被災地の復興について、
3章は、南海トラフの新しい情報と国の防災対策の転換について、
4章は、心配される首都直下地震と南海トラフの地震対策について、
5章は、今後の地震防災対策を展望した。

地震災害がなかなか軽減しないのは大きな地震が次々に起きることに加えて、社会が変わることと人が忘れてしまうことが大きいと痛感する。少子高齢化や過疎化、地域のコミュニティの希薄化は間違いなく災害に対する社会の脆弱性を高めている。また交通の高速化や超高層や大深度地下の開発などは防災に新たな課題を突きつけている。さらに誰かがなんとかしてくれるだろうという行政頼み、人頼みの考え方は防災対策が深化しない大きな要因だ。

東日本大震災以降、地震の発生回数が多い状態が続いている。また首都直下地震や南海トラフの地震などの発生も心配される。保護と依存の空間を抜け出して自立した自助と共助を育てる必要がある。またやるべきことを疎かにしない公助の存在も不可欠だ。

地震防災に関心のある多くの人と一緒に、どうすれば日本の防災の質を高めることができるかを考えていきたいと思うが、まずは熊本地震の現場で見たこと、聞いたこと、考えたことからはじめたい。

目　次

第1章　平成28年熊本地震の衝撃

2

1　地震の発生

《過去に例のない地震》

２０１６年（平成28年）４月に発生した熊本地震は内陸直下で起きる地震の怖さを改めてみせつけた。

４月14日㈭の午後９時26分頃、気象庁が「平成28年熊本地震」と名付けた地震が起きた。地震のエネルギーを示すマグニチュードは６・５で、熊本県益城町では震度７を観測した。多くの住宅が壊れて亡くなった人やケガ人がでたほか、地震後に住宅地では火災も発生し、東日本大震災とはまったく違った被害の様相となった。

震度７が熊本県で観測されたのは初めてのことだ。震度７は気象庁の震度階で最も激しい揺れを示すランクで、震度７が観測された地震では大きな被害を出してきた。

マグニチュードは数字が１違うと、地震のエネルギーは32倍違う。過去の同じような直下型地震では、阪神・淡路大震災がマグニチュード７・３、新潟県中越地震がマグニチュード６・８だったたから、マグニチュード６・５は地震のエネルギーとしてはそれよりも小さい。

にもかかわらず、震度７が観測されたのは震源の深さが11キロと比較的浅いところで起きたからだ。震度７は人が動くことができず、耐震性の低い木造住宅は傾いたり、倒れたりするものが多く、屋内で固定されていない家具はほとんどが移動し、飛んだりするとされる猛烈な揺れだ。その後も強い地震が相次ぎ、驚いたことに2日後にさらに大きな地震が起きた。16日(土)の午前1時25分頃、マグニチュード7・3の地震が発生した。益城町と西原村で震度7、熊本市や南阿蘇村などで震度6強を観測した。益城町ではわずか3日間に震度7を2回観測したことになる。

熊本地震まで震度7を記録した地震は3回しかない。1995年（平成7年）の阪神・淡路大震災、2004年（平成16年）の新潟県中越地震、2011年（平成23年）の東日本大震災の3回で、震度7が続けて2回観測されたことはない。熊本地震は過去に例のない地震の起き方をした。

マグニチュード7・3は阪神・淡路大震災と同じ規模の地震で、気象庁は、16日の地震が起きた後『この地震が「本震」で、14日の地震は「前震」だった』と記者会見した。

通常、最初に起きた大きな地震を「本震」

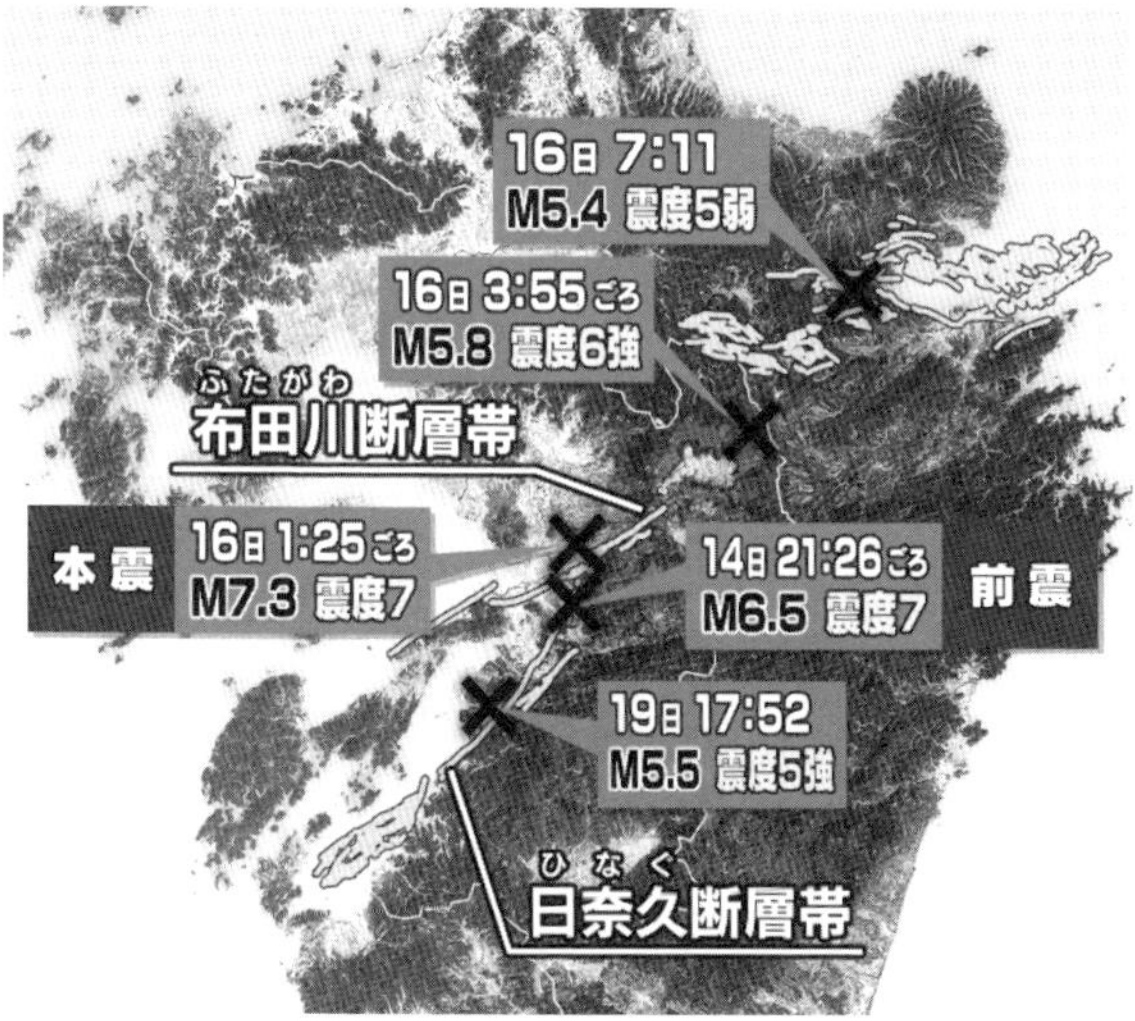

平成28年熊本地震の前震、本震、直後の主な余震

と呼び、その後に多くの「余震」が起きる。「余震」は「本震」よりも一回り小さく、次第に少なくなっていく傾向があるが、熊本地震は「本震」の前に、前触れといえる地震が起きたわけで、そうした地震は「前震」と呼ばれる。「地震が起きた時に、その地震が前震であるかどうかを判断することは現在の地震学では難しい」と気象庁は話している。

しかし14日の地震の後、気象庁が「震度6弱程度の余震に注意を呼びかけ」、被災地では最初の地震よりも小さな地震に注意していた中で、それよりも大きな地震が起きて被害が広がったことを考えると、地震が起きた後にどのような情報を出して注意を呼びかけるかについて防災上の課題が残った。

その後、地震活動は阿蘇地方や大分県に広がった。15日㈮の午前7時11分頃には大分県中部でマグニチュード5・3の地震が起き、由布市で震度5弱を観測した。また16日の午前3時55分頃には阿蘇地方でマグニチュード5・8、震度6強の地震が起きた。

熊本から大分にかけての一帯は地盤を南北に引っ張る力がかかっていて、「別府―島原地溝帯」と呼ばれ、活断層が多く存在し、地震のエネルギーがたまりやすい場所だ。熊本地震とその後の余震は、国が主要な活断層帯としている布田川・日奈久断層帯に沿うように発生した。この断層帯は熊本県の南阿蘇村から益城町にかけて東西に伸びる布田川断層帯と益城町から八代海南部に向かって北東から南西に伸びる日奈久断層帯からなっていて、それぞれの区間でマグニチュード7クラスの地震が想定されていたが、もし断層帯全体が一緒に活動した場合にはマグニチュード8程度になるとみられていた。

熊本地方、阿蘇地方、大分地方の3か所で地震活動が活発になり、過去に例のない活動状況になった。しかも震度6以上の地震が14日から16日までに合わせて7回も起きた。いずれの地震も午後9時から朝の10時までの間に起きていて、被災者にとって、夜間に安心して休むことのできない不安な日々が続いた。

熊本地震の大きな特徴は余震が多かったことで、一連の地震で、マグニチュード3・5以上の比較的大きな地震の回数は5月14日の午前8時00分までに238回を数え、阪神・淡路大震災や新潟県中越地震など最近の同じような内陸直下の地震の中で最も多くなった。

《土砂災害や火山活動への懸念》

地震から1か月ほど経った時期に、熊本地震の被災地では従来の地震よりも土砂災害の危険性が高いと砂防や防災の関係者が警戒を呼びかけた。

それは大きな土砂災害につながりかねない特徴が二つ

布田川・日奈久断層帯（地震調査研究推進本部）

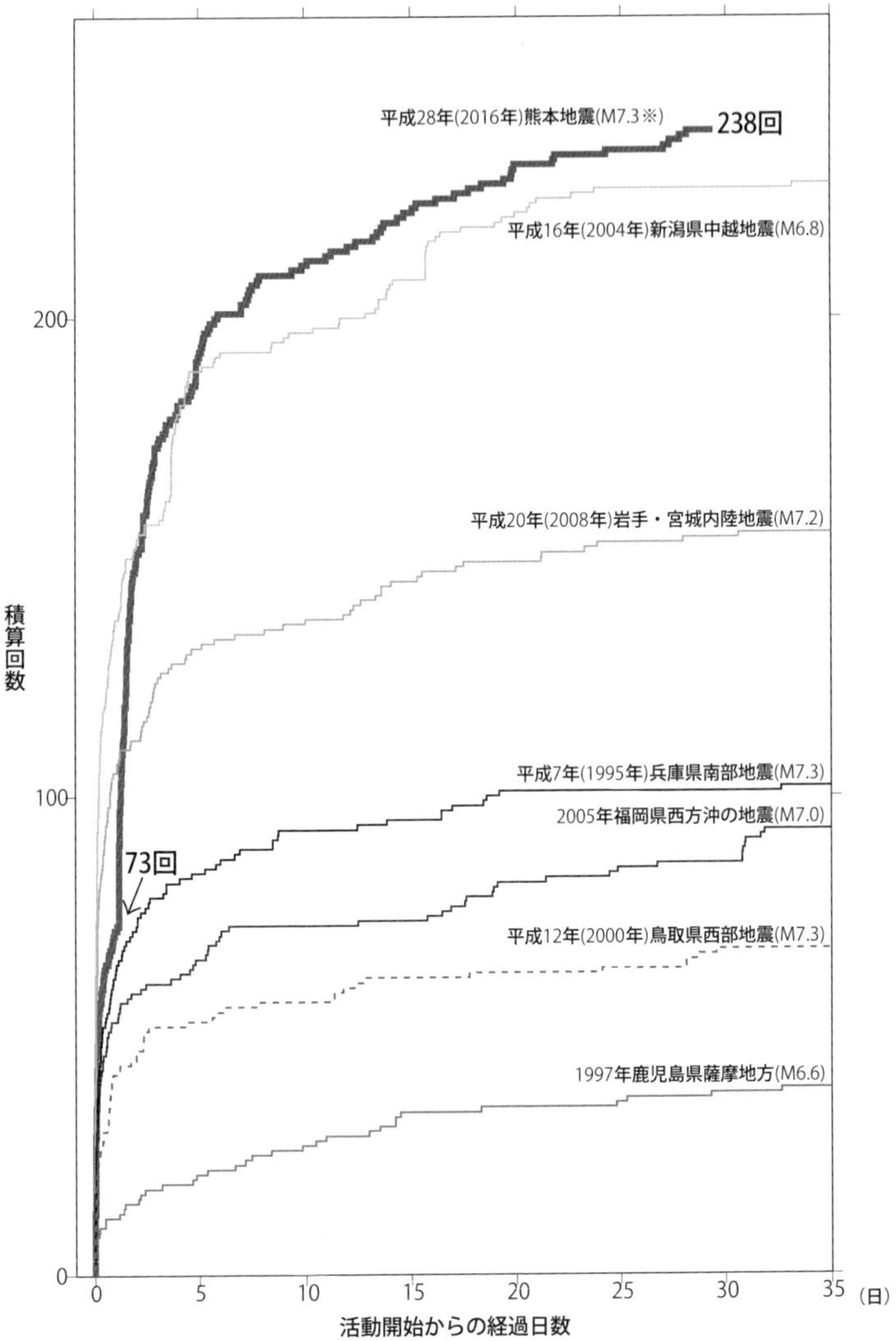

内陸及び沿岸で発生した主な地震の地震回数比較（マグニチュード3.5以上）2016年5月14日08時00分現在（気象庁）

あったからだ。一つは地震活動が続いた場所の近くには活火山である阿蘇山があって、熊本地方は阿蘇山の噴火によってできた火山性の地質だ。火山から流れ出た溶岩や大量の火山灰で構成された地質は、もろくて崩れやすいという特徴がある。

実際に２０１２年（平成24年）の九州北部豪雨では阿蘇地方を中心に多くの土砂災害が発生し、熊本県だけで20人以上が犠牲になった。最近はかつてに比べて猛烈な雨が降ることが多くなっていることも土砂災害の危険性を高めているといっていい。

二つめの特徴は強い地震が繰り返し起きたことだ。強い地震が一度起きただけでも地下の深いところまで地盤がゆるむが、熊本から大分にかけての広い範囲で地震が繰り返し起き、あちこちの斜面に多くの亀裂が入った。また地震によって地面が揺さぶられる時は、斜面の中腹よりも頂上付近のほうが揺れが大きくなり、地震による土砂災害は頂上付近から一気に崩れることが多く、規模が大きくなりがちだ。

国土交通省が震度6強以上を観測した熊本市や益城町、それに南阿蘇村などで土砂災害の危険箇所を地震直後に緊急調査したところ、応急的な対策が必要な場所が54か所、巡視などの警戒を強化する必要がある場所が77か所あることがわかった。

また地震と阿蘇山の噴火との関係にも関心が集まった。最初の地震から2日後の16日の午前8時半頃、中岳第一火口でごく小規模な噴火が発生し、噴煙が高さ１００メートルまで上がった。阿蘇山で噴火が確認されたのは２０１６年（平成28年）3月4日以来のことで、気象庁は「一連の地震活動との関係性は不明だ」とした。しかし火山の専門家の中には「阿蘇山のかなり近い場所で規模の大きな地震が発生しているため、火山活動に影響がないとは言い切れない」として注意深く監視する必要があると指摘した。相次ぐ地震と阿蘇山の噴火への懸念は被災地に不安を与える要素となっていた。

地震から4日後の4月18日の段階で、熊本県から大分県にかけて42人が亡くなり、9人と連絡が取れない状態で、9万人以上が避難所などで過ごしていた。

《深刻な建物と熊本城の被害》

熊本地震は震7が2回観測されたり、過去の内陸直下の地震に比べて余震が多いなど、地震の起き方や展開は過去に例のないものだったが、被害の様相は私たちが経験してきたものだった。

最も目立ったのは建築物の被害だ。4月30日の段階で全半壊した住宅は4、925棟、一部損壊まで合わせると1万2、601棟に達した。また公共の建物の被害も94棟あって、益城町や宇土市など5つの市と町では庁舎の移転を余儀なくされた。

熊本地震の避難所（熊本県益城町）

地震で壊れた住宅（熊本県益城町）

工学院大学が被害の大きかった益城町で調査したところ、昭和56年以前の古い耐震基準で建てられた住宅の大半が「倒壊」や大きく壊れる「大破」だった。さらに昭和56年以降の新しい耐震基準の住宅でも、壁の配置や柱の固定方法などの基準が強化された平成12年以前に建てられた住宅は、「倒壊」と「大破」が合わせて60%から70%に達し、平成12年以降の建物でも20%から30%が「倒壊」と「大破」していた。震度7が2回観測されるなど強い地震が連続して起きたことで、ある程度耐震性のある建物も持ちこたえられなかったのだ。

熊本地震で被害を受けた宇土市役所

熊本県警察本部が県内で49人の死亡が確認された段階で死因を調べた結果、最も多かったのが壊れた建物の下敷きになった「圧迫死」と「窒息」で合わせて37人いた。次いで「土砂災害」が9人だった。つまり大半の人が建物の倒壊に巻き込まれ、下敷きになったり挟まれたりして亡くなった。

この被害状況は阪神・淡路大震災と同じだ。阪神・淡路大震災では25万棟に及ぶ住宅が全半壊し、地震発生の当日だけで5、000人以上の人が亡くなったが、そのほとんどが壊れた住宅や家具などの下敷きになって亡くなる圧死や窒息死だった。

東日本大震災以降、多くの自治体や住民の関心の重点が津波対策に移っているが、住宅など建物を地震に強くすることが、地震防災対策の根幹だということを熊本地震は改めて教えた。

強い地震が連続して起きると耐震性の弱い建築物だけでなく、ある程度耐震性のある建築物でも傷むものが出てくる。そうした建築物は、それほど強い地震でなくても壊れたり、潰れたり、あるいは外壁や窓ガラスが落ちたり、付属設備などが転倒するなどの被害が出る恐れがある。

そうした建物の危険性を判定するのが「応急危険度判定士」で、建築士などの資格を持っていて、専門の講習を受けた人が全国に10万人以上登録されている。被災地にいち早く入り一つ一つの建物をチェックし、危険な建物には赤、注意が必要な建物には黄色、安全な建物には緑色のステッカーを貼って、被災者や救助や救援活動をする人たちが危険な建物に不用意に入らないようにする。熊本地震の被災地でもこうした取り組みが行われた。

熊本地震では熊本の象徴というべき熊本城も大きな被害を受けた。熊本城は戦国時代の武将、加藤清正によって創建された名城で、国の特別史跡に指定されている。年間１６０万人を超える観光客が訪れる熊本県有数の観光施設だ。

加藤氏改易後の江戸時代の大半は熊本藩細川家の居城となり、明治維新の西南戦争では戦場

応急危険度判定結果が張られた住宅（熊本県益城町）

となった。天守閣は西南戦争があった1877年（明治10年）に火災で焼けてしまい、現在の天守閣は1960年（昭和35年）に再建されたものだ。熊本地震では「武者返し」と呼ばれる曲線美が特徴の石垣が崩落した。熊本城は敷地の広さが東京ドーム21個分もあるが、石垣の被害は敷地全体で合わせて229面に及んだ。また天守閣は屋根瓦が落ちて痛々しい姿となった。さらに築城時の姿を伝える北十八間櫓など13の国の指定重要文化財が損壊した。

文化財の修復は損壊前に復元することが原則で、石垣などは崩れる前の写真や図面が残されているので、それらと照合しながら修復していくことになる。一方でせっかく修復するのだから耐震性を高める工法を取り入れてはどうかという意見がある。東日本大震災で被害を受けた福島県白河市の小峰城の石垣の修復では、石垣の表面は元通りにしたものの、内側部分には耐震性を高める工法が取り入れられた。文化財としての価値を損なわない配慮をしたうえで、観光客の安全などを考慮して耐震性を高める視点が必要だ。熊本城の復旧工事は約20年をかけて行われることになっている。

地震の被害を受けた熊本城

2　被災地への支援

《全国の市町村からの支援》

熊本地震では被災地の市町村を全国の市町村が支援した。国や都道府県にはできない支援を市町村には期待できるからだ。国や都道府県には住民の窓口業務がほとんどないが、市町村には窓口業務に精通した職員が数多くいる。

災害が起きると被災した市町村の業務は5倍にも10倍にも増えるといわれる。避難所の対応、支援物資の集配、瓦礫の撤去、罹災証明書の発行など災害で新たに生まれる仕事の他に、日頃やっている福祉や医療、上下水道の復旧、住民の相談窓口などの仕事も忙しくなる。このため4月の末までに、全国の都道府県や市町村からのべ1、000人余りの応援職員が駆けつけて活動した。

東日本大震災の被災市町村を取材した際にも、同じように住民対応を経験している市町村職員の応援は、とてもありがたかったという話を聞いた。

さらに周辺の被害の少ない市町村には、職員の派遣だけでなく、支援の拠点の役割を担ってもらえる期待もある。東日本大震災では、岩手県の内陸に位置する遠野市が津波の被害が大きかった沿岸の多くの自治体と50キロ以内、車で1時間半という位置関係を生かして、自衛隊や警察、消防、それに医師やボランティアなどの活動の基地になったほか、全国からの支援物資を被災地に配る後方支援の役割を担った。

熊本地震では熊本県と隣接した大分県竹田市が、5月1日からボランティアを受け入れる活動拠点を作り、現地で必要なものの聞き取りや支援物資の仕分けなどを行った。こうした取り組みが広がり、周辺の市町村が高齢者や健康に不安のある被災者を一時的に受け入れたり、時間と共に変わる被災地のニーズに合わせた支援をきめ細かく行うことができれば、被災した市町村の負担は軽くなっていく。国は大きな災害が起きたら、早い段階から被災地の市町村を支える支援体制作りを進めることを考えて欲しい。

一方支援する側のちょっとした配慮が大きな効果につながることもある。被災地には全国から支援物資が届くが、被災自治体は混乱と忙しさの中で積み上げるだけで整理ができず、被災者にきめ細かく配れないケースも多い。そのうちに生鮮食品や果物などは腐ってしまうものがでる。また中には一つの箱の中に衣類のほかタオルやティッシュペーパー、それに紙おむつや粉ミルクなど様々な品が入っているものがあって仕分けに時間がかかる。送る側が一つの箱には1種類のものを入れるようにして、それを大きく表示するなどの気配りをすることで被災地は助かることになる。

避難所に届いた支援物資

《ボランティアの出番》

災害が起きた時の復旧や復興で頼りになるのは、阪神・淡路大震災の頃から定着したＮＰＯやボランティアの力だ。被災者の生活環境や心身の健康状態を改善するために、各地の災害を経験したＮＰＯやボランティアのノウハウや力は欠かせない。災害は常に高齢者や身体の不自由な人、それに子供といった弱い立場の人に大きな被害をもたらす。

実際に災害関連死は高齢者が多いのが特徴だし、災害直後は小学生くらいまでの子供はほったらかしにされがちで、それが子供の心に深い傷を残すといわれる。だがそうした高齢者や子供たち一人ひとりの変化に被災地の行政が気づいて対応をとるのは難しく、そこはＮＰＯやボランティアの力が期待される。

東日本大震災の後、岩手県大槌町の子供たちが書いた作文集の中に、当時小学校6年生の子供が書いた印象的な作文がある。題は「ザラメの心」。『あの日から、私の心は絶望のどん底におちいっていた。3月11日の津波は、私の大切な人たちを奪っていった。避難所に色々な人たちから物資や手紙が届いた。「がんばってください」もうがんばる力もなくしていた。ある日、わたあめ屋さんがやってきて、みんなにわたあめをくれた。甘く優しい味が口中に広がった瞬間、小さく固いザラメのような心が、ふんわり大きなわたあめのようになった』

ＮＰＯやボランティアなどの人たちが、被災者の健康維持や気持ちをやわらげることに大きな力をもっていることを感じさせる作文だ。

3　長引く避難生活

《避難所取材からみえたこと》

4月下旬に被災地を取材した時に最も強く感じたのは、避難所になっているスペースに比べて避難している人の数が多いことだった。施設内の部屋に入れない人たちが入り口のエントランスや通路、それに屋外にも段ボールや毛布を敷いて休んでいた。話しを聞くと住宅が壊れたり、家具などが散乱して自宅では暮らせないという人のほかに、相次ぐ強い地震で自宅にいるのが怖いからと言う人もいた。また施設の駐車場には多くの車が並び、そこで暮らしている人がいた。車で避難生活を送っている理由としては、避難所にはプライバシーがないからとか、小さい子供やペットが一緒だから、寝ていることが多い高齢者や障害者が家族にいて、体育館の床の上に休ませるのは厳しいなどと話していた。私が行ったときはちょうどお昼時で、メニューはカップ麺と自衛隊が炊いたご飯だった。

こうした避難生活の光景はこれまでの災害でも見てきたが、災害が起きるたびに徐々に高齢者の姿が多くなってきている。また日頃の生活が便利で豊かなものになっている中で、こうい

テントを張るなどして車で避難する被災者

う避難生活しか方法がないのだろうかと疑問を持たざるを得なかった。

災害直後の数日だったら仕方ないかもしれないが、狭いスペースでプライバシーも守られない環境で避難生活が長引くことは、被災者にとって二次災害といっていい側面があるように思える。

実際に4月末の段階で、壊れた住宅の下敷きになったり、土砂崩れに巻き込まれるなど地震の直接的な影響亡くなったのは49人、行方不明は1人だったが、避難生活の中でエコノミークラス症候群や疲労などによる体への負担や持病の悪化によって亡くなったとみられる関連死が17人にものぼっていた。

その後も関連死は増え続け、地震から1年7か月経った2017年（平成29年）11月10日現在で192人に達した。直接的な原因で亡くなった人の4倍もの人が関連死で亡くなったのだ。

災害関連死が多くなるのは最近の災害の大きな特徴で、2004年（平成16年）の新潟県中越地震でも68人の死者のうち、地震の直接死は16人で、その3倍以上の52人が関連死だった。この数字は悔しい。というのも関連死は地震で助かった人たちだからだ。その後のケアによっては助けることができた人が含まれている可能性がある。せっかく地震の被害から免れたのに、

避難所の入り口につながれたペットの犬

その後の避難生活で亡くなる人が多すぎはしないだろうか。

ＮＨＫが熊本地震の関連死192人について調べたところ、最も多かったのが避難所や車の中での避難生活のストレスによるもので73人、次いで病院など医療機関が被災して機能が低下し、医療を続けられなくなったケースが43人もいた。実際に益城町の病院は建物が倒壊する恐れがあって46人の入院患者全員が転院を余儀なくされ、多くの寝たきりの高齢者が亡くなった。また地域の中核病院である熊本市民病院も非常時に使うことにしていた井戸水の貯水槽が壊れて400人の入院患者全員が避難せざるをえなかった。命を守る病院が関連死を増やす要因になってしまったわけで、病院の耐震化や備えを進めなくてはいけない。

災害関連死が多くなる背景には急激な高齢化の進展がある。だとすると、この問題は今後全国どこで災害が起きてもぶつかることになる問題だ。豊かな時代の高齢化社会を踏まえた避難生活のあり方を考えなくてはいけない。

《住まいの確保が大切》

熊本県益城町では、一連の地震で4、700棟以上の住宅が全壊や半壊の被害を受け、2、100人余りの人が避難所で暮らしていた。避難所で取材したところ「住宅を再建する見通しが立っていない人」が多かった。益城町では仮設住宅への入居が6月14日から始まったが、被災した人の生活の基盤となる住宅の確保をどう支援していくかが大きな課題だった。

「仮設住宅」や賃貸住宅を自治体が借り上げて提供する「みなし仮設」に入居したり、被災住宅の「修理・建替え」の補助を受けるためには、自治体が発行する「罹災証明書」が必要だが、5月に入っても発行が大きく遅れていた。「罹災証明書」では、住宅の被害を「全壊」「大規模半壊」「半壊」「一部損壊」の4段階に認定する。「全壊」で最大300万円、「大規模半壊」は最大250万円の公的支援が受けられる。「半壊」以下では原則支給されない。「罹災証明書」は被災者が行政から支援を受けるために不可欠なパスポートのようなもので、その発行が遅れたのは地震で役場庁舎や役場職員も被災したことが大きな理由だが、熊本地震特有の問題もあった。

それは「罹災証明書」の判定に納得できずに不服を申し立てるケースが多かったことだ。「罹災証明書」発行のための1次調査は外観の目視で、被災者が再調査を申し立てた場合は屋内に入って内部を細かくチェックする2次調査が行われる。熊本地震では活発な余震活動が続き震度5や震度4の強い揺れもあったことから、たとえば1次調査で「半壊」と診断されても、その後の地震によって被害が悪化して「大規模半壊」に変わる住宅があったりした。

現行の制度は一度確定した判定を変更することを想定していないうえに、被災者は「罹災証明書」を受けなければ「仮設住宅」への入居ができない仕組みになっていて、事務処理は遅遅としていた。「罹災証明書」がなくても暫定的に「仮設住宅」への入居を進めたり、発行の仕方を柔軟にするなどの課題が残された。

加えて「仮設住宅」建設の遅れも伝えられた。「仮設住宅」の敷地は自治体が用意することになっていて広い土地の確保に時間がかかることが多いが、希望に応じて被災者の所有地に「仮設住宅」を建てたり、被災者が自力で仮設する建物にも助成することができれば、住まいの確保は早く進むことができる。

さらに「仮設住宅」は原則2年の運用で、建設に600万円～700万円、撤去に150万円～200万円かかる。「費用対効果」を考えるなら、全国的に増えている「空き家」を活用するといった方法も視野に入れたほうがいい。また現在は「避難所」から「仮設住宅」、そして「復興住宅」という主に単線の住宅確保政策がとられているが、時代の変化を踏まえて複数の対策を組み合わせる必要がある。

「住宅」の再建や確保は復興にとって重要で、新潟県中越地震の時、住宅の再建にメドが立った人たちは、そうでない人たちに比べて、ストレスが軽くなったという調査がある。

新潟県中越地震の被災者の心の状態について、東京大学や東洋大学などが、地震から4か月後の2005年（平成17年）2月に小千谷市内の仮設住宅に暮らす600人に聞いたところ、精神状態がひどく悪い人は「住宅再建の見込みが立った」人では9％だったが、「見込みが立たない」人は24％もあって、3倍近い開きがあった。「住宅」は個人の生活の基盤であるとともに、被災者と被災地の希望でもある。住宅が建ち始めると町並みができ、経済活動も活発化し、被災地が明るくなっていくのは、これまで多くの被災地を見てきて感じることだ。

《3か月経った被災地》

地震直後、熊本県では18万人以上の人が避難生活を送っていたが、3か月経った7月9日の段階でも16の市町村の94か所の避難所で、まだ5、000人余りが暮らしていた。

仮設住宅の建設や入居も始まっていて、南阿蘇村では最初の仮設住宅56戸が完成し、7月7日に入居の説明会が開かれ鍵が引き渡された。熊本県では、仮設住宅は16の市町村で3、618戸整備する計画で、このうち1、403戸が完成していた。また民間の賃貸住宅の家賃を行政が負担する「みなし仮設」は3、600件の申請があって、順次入居が進んでいた。

住宅は個人の生活の拠り所になるのだから、安心して暮らせる住宅の確保に向けた取り組みを急ぐべきだが、その際に特に注意しなくてはいけないポイントがある。それは地域のコミュニティの維持を図ることだ。

阪神・淡路大震災で苦い経験がある。阪神・淡路大震災の直後、多くの被災者が小学校の体育館などの避難所で暮らした。避難所には昔なじみの近所の人たちが集まって生活していたので、お互いに慰め合ったり、励まし合ったりして過ごすことができた。しかし仮設住宅ができるにつれて、高齢者などを優先し抽選によって入居が進められた。このため昔ながらの付き合いがバラバラになり、場所によっては高齢化率が45%を上回ったり、一人暮らしの高齢者が多く入居した仮設住宅があった。その結果仮設住宅に入居してから、家族や住宅など失ったものの大きさにうちのめされたり、将来への不安から気分が落ち込んで引きこもりがちになったり、アルコールに頼る人が出て、誰にも看取られずに亡くなる、いわゆる孤独死が200人以上で大きな社会問題になった。

この反省を生かしたのが新潟県中越地震の時の対応だった。大きな被害を受けた山古志村では、すべての住民が長岡市などに避難したが、ヘリコプターなどで到着した順番に避難所に入ったことから、一つの集落の住民が8つの避難所にバラバラになった。このため避難所で何をするでもなくポツンとしている高齢者の姿が目立ったという。そこで地震から10日ほど経ったところで、バスを使って、避難所に集落ごとにまとまってもらうための引っ越しが行われた。

また仮設住宅への入居にあたっても集落や地域のまとまりに配慮した。これによって多くの高齢者が明るくなり、孤独死を防ぎ、避難生活が落ち着いたと、当時の長島忠美村長は話していた。こうした避難生活を支える地域のコミュニティへの配慮は、東日本大震災の被災地でも行われ効果を上げている。

熊本地震の被災地の調査では地域に対する愛着が強い人たちが多く、コミュニティへの配慮は重要だった。

東京大学と民間の調査会社であるサーベイリサーチセンターが、最も被害が大きい益城町の避難所で暮らしていた301人に「今後の居住地の意向について」聞いたところ、「町外に転出したい」は8・3%しかなく、「同じ場所に住み続けたい」が77・4%、「町内の別の場所に移りたい」10・3%と90%近い人が益城町で暮らしたいと答えた。

被災者が元気に避難生活を乗り越えるためにも、地域の復興計画について合意形成を進めるためにも、地域のコミュニティは力を発揮する。およそすべての災害で被災地のコミュニティを守る努力が求められる。

4 避難生活を少しでも快適に過ごすために

《広域避難》

広域避難は住民が住んでいる市区町村の外に避難することで、100万人以上が避難した2005年（平成17年）の米国のハリケーン・カトリーナをきっかけに日本でも議論が始まった。

熊本地震の被災地では多くの人たちが長期間の避難生活を余儀なくされたが、高齢者や体の不自由な人や小さな子供などは、被災地の外の安全な町に避難すべきではないかという指摘があった。被災地の避難所のスペースが足りなかったことから、避難所の負荷を減らす必要にも迫られていたからだ。

益城町には災害が起きる前に指定していた避難所が16か所あったが、2度の震度7の激しい揺れに見舞われたことから、総合体育館や公民館、それに小学校の体育館などが使えなくなった。

ハリケーン・カトリーナを取材中の筆者（米国・ニューオリンズ）

そこで観光バスなどを使って周辺の市町村の施設などに行って、ゆっくり休んでもらったらどうかというものだ。しかし被災者に話を聞くと、被災地を離れると「義援金などが受け取れなくなる」「被災地の自治体からの情報が入ってこなくなる」といった答えが多く、「知っている人と一緒にいると安心できる」「一人だけ被災地を離れるのは不安」という人もいた。

しかし逆にいえば、こうした不安や問題を解消することができれば広域避難を進めることができそうだ。

現在の防災対策は自治体防災と呼ばれ、住民は住んでいる自治体の中で避難し生活再建を目指すことにしているが、災害は大きくなればなるほど、被災地した自治体の中だけで安全な避難場所を確保することが難しくなるケースがでてくる。広域避難を進める枠組みを全国で考える必要があると思う。

《エコノミークラス症候群、生活不活発病、子供のケアに注意》

災害後の避難生活を取材していると注意しなければいけない課題がいくつかあることに気がつく。その一つがエコノミークラス症候群だ。車の中での避難で発症すると思う人が多いが、避難所でも体を動かさずに座ってばかりいると発症するリスクが高まる。

東日本大震災でも、地震の発生から4か月後までに宮城県内の32の避難所で検診したところ、足の血管から血の塊が確認された人が190人見つかったという報告がある。そのうち女性2

人は肺の血管でも血の塊が見つかったため入院して治療を受けた。血の塊が見つかった人のうち、70歳以上の高齢者が60％以上を占め、調査をした石巻赤十字病院の医師は「人が密集する避難所では、特に高齢者にとっては、起き上がって体を動かしにくいし、気付かないうちに脱水気味になって血流が停滞しやすい状況になる。断水などの状況下では避難所でも意識的に体を動かすことを心がけてほしい」と注意を呼びかけた。

二つめは生活不活発病だ。国立長寿医療研究センターの医師である大川弥生部長が、東日本大震災から1か月ほど経った宮城県内の4か所の避難所の65歳以上の高齢者102人を調査したところ、震災前に比べて、日常生活を送るのが難しくなった人は64人で、全体の63％にのぼっていた。

その内容を複数回答で答えてもらったところ、「歩くのが難しくなった」が最も多くて47％、次いで「床から立ち上がるのが難しくなった」35％、「段差のあるところの上り下りが難しくなった」25％という結果だった。中には、震災前には必要なかった介助が必要になった人が7人もいた。

どうして高齢者の日常生活が、避難所生活で難しくなったのだろうか。その理由は、高齢者が避難所で日中どのように過ごしていたかを調べてわかった。「座っていることが多い」「座っていたり、時々横になっている」「ほとんど横になっている」など、身体をあまり動かさない人が83％もいた。こうした状態になってしまうことを、専門家は「生活不活発病」のあらわれだと指摘している。生活不活発病というのは、震災前には家の周りで畑仕事などをして身体を動かしていた高齢者が、避難所では食事の用意をしてもらい、外にでることも少なくなって、筋力など全身の機能が低下してしまうことで起きる。避難所暮らしが、新たな問題を引き起こしてしまうことがあるのだ。高齢者にとって、避難所での生活の仕方がいかに重要かがわかる調査結果だ。

三つめは子供たちへの目配りだ。避難生活のストレスは子供たちにも襲いかかる。子供は大人と違って自らの危機に対処する能力が十分に育っていないが、とりわけ年齢の低い子供は自分が経験した怖い思いや不安を周囲にうまく伝えることができない。このため災害後の混乱の中で、子供の問題は見落とされがちになりやすい。そうした子供たちの心の傷は、時間が経つにつれてPTSD（心的外傷ストレス障害）となって現れることが阪神・淡路大震災以降知られるようになった。

PTSDは災害で怖い思いをした記憶が何度も思いだされるなどして、突然物音に敏感になったり、イライラしたり、おびえたりして混乱するといった症状がみられるという。

文部科学省が東日本大震災の発生から1年後の被災地で、子供たちの様子について保護者に調査したところ、PTSDが疑われる子供が岩手県で11・3％、宮城県で19・0％、福島県で22・9％にのぼった。

災害後の被災地を取材して、避難所の隅で一人でポツンと座っている子供や体育館の裏で力なく一人でサッカーボールを蹴っている子供をみかけたことがある。子供に元気がないと被災地全体が暗い印象になるが、元気な子供の声が響くと被災地には活気が生まれる。

被災地で疎外されがちな子供たちに「居場所」を作ろうという取り組みが、NPOやボランティアなどによって行われていたが、当たり前の日常を奪われた子供たちに日常を取り戻してやる試みは重要だ。災害後は子供の問題が見過ごされることが多いことを社会全体で共有しなくてはいけない。

《避難所を快適に運営する訓練》

避難所にさまざまな課題があることを事前に確認し、実際に災害が起きた時に、避難所で快適に過ごせるようにするための訓練をするゲームがある。静岡県が開発したもので、全国の防災関係者や自主防災組織などに注目されている。

もし体育館が避難所になった場合、体育館の鍵は市町村の担当者などが開けてくれるが、避難所生活は原則として集まってきた被災者が助け合いながら行う。なんとなく行政の人がやってくれるのではないかと思っている人が多いだろうが、大きな災害が起きると多くの避難所ができ、そのすべてに市町村の職員が張り付いて運営すると他の仕事ができなくなってしまう。避難所の運営は市町村と協力しながら被災者自身が行うということをわかってもらうのが、このゲームの大きな狙いだ。

ゲームの名前は「ＨＵＧ（ハグ）」、Ｈ（Hinanzyo避難所、Ｕ（Unei運営）、Ｇ（Gameゲーム）と、日本語の頭文字をとったもので、英語で「抱きしめる」という意味になり、避難者を優しく受け入れる避難所のイメージと重ね合わせて名付けられた。

ゲームは６人から７人程度のグループを複数作って行う。グループごとに近くの小学校の体育館を想定した避難所の図面と掲示板を用意し、それぞれが避難所のまとめ役になったという想定で、カードに書いてある様々な避難者や事態に対応していく。

取材した日には50人近い人を７つのグループに分けてゲームが行われた。グループの１人がカードを読み上げ、他のメンバーがそれに対応していく。カードにはどんな人が避難してくるかが書かれている。こんな感じになる。最初に避難してきたのは「床上さん一家で、40歳代の夫婦と18歳の長男の３人」。そこで床上さん一家を避難場所に案内する。続いて「豪雨さん一家、60歳代の夫婦と７歳と２歳の孫の４人」。その４人をどこに避難してもらうか考える。

こんな人もやってくる。「耐震さん親子で、柴犬を一匹連れてきた」。さて、どうすると良いのだろうか。そのほかに車椅子の人、障害のある人、外国人、それに家族で車で避難したいと言う人などもやってくる。そのそれぞれに避難者の事情に配

ＨＵＧの体験学習
（静岡県地震防災センター）

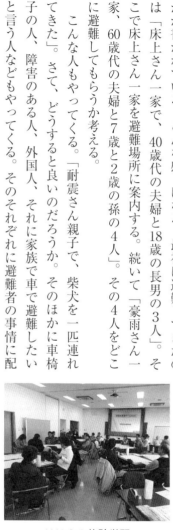

慮して避難場所を決めていくのだ。
カードは全部で249枚あり、中にはイベントカードというのも混じっている。たとえば「誰ともなく受付が必要だと言った」とか、「市の災害対策本部から毛布200枚が到着」などがある。荷物を下ろすのを手伝ってくれる人を募ったり、避難している人に周知したりしないといけないので、掲示板に張り出したりする。

参加者はお互いの考え方や意見を出し合いながら、避難所運営への理解を深め、全員で感想や意見などを言ってゲームは終わる。

体験会に参加した人たちからは「避難所運営がこんなに大変だとは思わなかった」とか「地域で避難所運営の訓練を一度しておきたい」などといった感想が聞かれた。

過去の災害でも避難所ごとに様々な工夫があった。高齢者をトイレに行きやすい場所に配置した避難所、家族ごとのスペースとは別に女性の着替えや赤ちゃんの授乳スペースを作った避難所、男性と女性のトイレを少し離して配置した避難所、食事

阪神・淡路大震災のある避難所（スペース全体に人が避難している）

新潟県中越地震のある避難所（真ん中に歩くスペースを確保している）

を配る係やトイレなど共用のスペースを掃除する当番を早い段階から作った避難所などがあった。その一方で、市町村の職員がやってくれるのをずーっと待っている期間が長かったところもあった。

静岡県がこうしたゲームを作った理由は、いつ起きてもおかしくないとされている東海地震の被害が心配されるところだったからだ。避難所は市町村の重要な災害対策だが、その重要性やノウハウがほとんど知られていないとして、誰にもわかりやすく、楽しく学んでもらえるようにできないかと、静岡県の職員だった倉野康彦さんが中心になって２００７年（平成19年）に考案された。倉野さんは「地域の実情に合った避難所の運営を臨場感をもって疑似体験してもらい、いざという時に役立つ知識を身につけることができると思う」と話していた。

静岡県ではこれまでにすべての市町村の防災担当者が体験し、それぞれの市町村で職員の研修に使っているほか、自治会や自主防災組織のリーダーなど5万人余りが体験している。

ゲームでわかる避難所運営のポイントは、避難所は地域社会がそのまま持ち込まれる場所だということだ。また体育館や校舎の収容能力や配置、校庭の広さ、避難者や高齢者の人数など個々に条件が違っていて、地域の市町村と住民が創意と工夫でより良いものを目指すことが重要だ。

5 熊本地震が投げかけた課題

《災害救助法を見直す》

熊本地震の被災地が投げかけた将来に向けた課題を二点挙げたい。一つは「災害救助法」の見直しの問題だ。

現在の避難生活のあり方は「災害救助法」という法律によって定められている。しかしこの法律はさまざまな点で今の時代に合わなくなってきている。たとえば「災害救助法」が定める救助の原則は「現物給付」で、被災地では自衛隊などによる大がかりな炊き出しが実施されるが、熊本地震のような直下型地震は東日本大震災に比べると、被災した範囲は比較的狭いという特徴がある。地震の発生から10日経った時点では、被災地から20キロほど離れると食堂などが営業していて、もっと近くでもコンビニエンスストアが営業を再開し、弁当などが売られていた。

自家用車を持っている人も多い時代だから、希望者には避難所で食事を提供する分の金額を渡して食べに行ってもらったり、弁当などを買いに行ったりしてもらえば被災者は体を動かすことで気分も変わるし、周辺地域の経済の活性化にもつなが

地震から10日ほど経った被災地のコンビニ

る。そして避難所では移動が難しい高齢者などの食事に重点を移して、お粥を作るなどきめ細かい食事の提供ができるようになる。

また住宅の提供でも現物給付には限界がある。現在の制度では仮設住宅の敷地は市町村が準備し都道府県が建設することになっていて被災者が多い場合には広い土地の確保に時間がかかる。これを希望に応じて被災者の所有地に仮設住宅を設置したり、被災者が自力で仮設する建物にも助成することができれば、住まいの確保は早く進むことになる。

そうした現在の社会状況にあった支援がしにくいのは、災害救助法が１９４６年（昭和21年）の南海地震の被害を受けて、１９４７年（昭和22年）に作られた70年も前の法律だからだ。当時の日本は終戦から間がなく、物資が豊富ではなく、コンビニエンスストアもなく、自家用車を持っている人も限られていた。

さらに人口に占める65歳以上の割合である高齢化率は、昭和25年は4・9％だったが、平成26年の全国平均は26％、熊本県はそれより少し高くて28％だ。つまり被災者も社会も法律が想定している状況とは違ったものになってしまったのだ。

国は災害が起きる度に、たとえば雲仙普賢岳の噴火災害では1人1日1、０００円、4人家族なら月額12万円の食事代を出したり、最近は民間の賃貸住宅の家賃を行政が負担する「みなし仮設」を進めたりしているが、それはその都度ごとの対応でしかない。

東日本大震災の発生後、日本弁護士連合会は「災害救助法」の運用を柔軟にするよう求める意見書を出しているが、このところ大きな災害が相次ぎ、避難生活での関連死が多くなる傾向をみると、「災害救助法」を抜本的に見直す時期にきているように思える。

《基本に立ち返って、住宅の耐震化を進める》

二つめの課題は住宅など建物の耐震化を進めることだ。熊本地震では地震の発生から40分ほど経った段階で、益城町などで複数の人が住宅の下敷きになっているという情報が入ってきた。地震に弱い住宅が壊れて被害がでるのは直下型地震の大きな特徴で阪神・淡路大震災で経験した。

警察白書によると、阪神・淡路大震災の直後に亡くなった人は、住宅や家具な

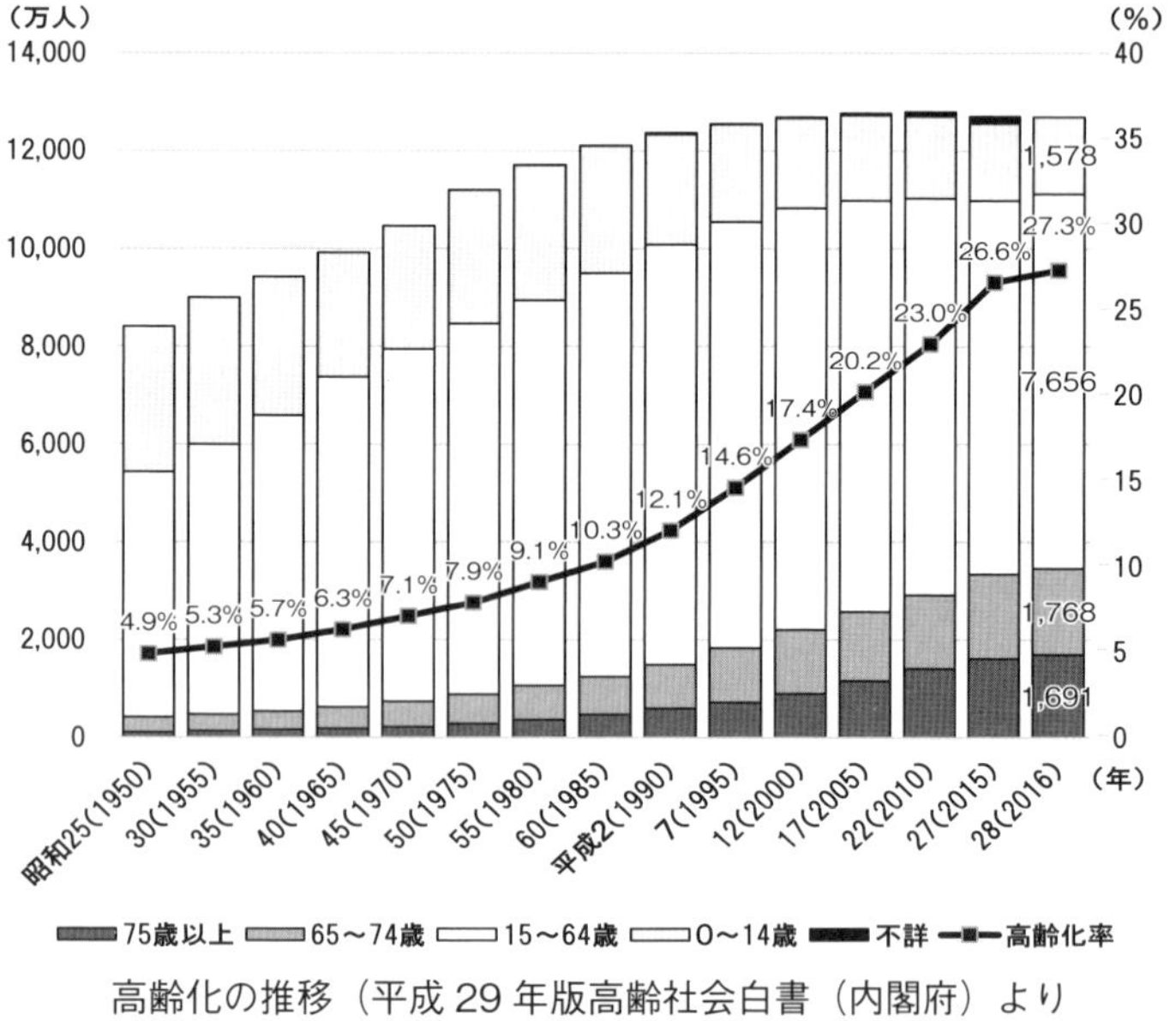

高齢化の推移（平成29年版高齢社会白書（内閣府）より

どの倒壊による圧迫死が88%にのぼり、死因のほとんどを占めた。地震が明け方に起きたことから、多くの人が寝たままの状態で壊れた住宅などの下敷きになって亡くなった。

地震に弱い住宅は凶器に変わるとして、全国の住宅を地震に強くすることが阪神・淡路大震災の最大の教訓となったが、住宅の耐震化はそれほど進んでいない。2013年（平成25年）の段階で、全国の住宅の耐震化率は82%にとどまり、いまだに5軒に1軒は現在の耐震基準を満たしていない。

熊本地震でも壊れた住宅は古い木造の建物が多かった。国は2020年に耐震化率を95%まで引き上げる目標を掲げているが、このままでは実現は難しい状況だ。地震防災対策の基本に立ち返って、住宅など建物の耐震化を強力に進めなくてはいけない。

熊本地震では世代から見た防災の盲点もみえた。南阿蘇村にある東海大学農学部では、およそ1、000人の学生のうち8割が周辺のアパートで暮らしていたが、このうち3人が壊れたアパートの下敷きになって亡くなった。

阪神・淡路大震災でも亡くなった人を年齢別にみると高齢者が多かったが、20歳から24歳の若者も一つのピークになっていた。これは地方から神戸に出てきた学生などの若者が、耐震強度が不足した賃貸のアパートなどに暮らしていたのが大きな原因だ。亡くなった学生の中には就職が決まり、社会人として飛び立つ寸前の人もいた。

多くの若者が少しでも家賃の安いところに住みたいとアパート探しをしていて、耐震性はほとんど考慮しない。今後大きな地震の発生が心配されている首都圏や大阪、それに名古屋などには全国から多くの学生や若者が集まってアパートなどで暮らしている。また年金暮らしの高齢者や所得の低い外国人などが入居しているアパートもある。賃貸アパートの耐震化は持ち主に任されているのが現状でどうしても後回しにされがちだが、アパートの持ち主は建物の安全に責任があることを自覚し積極的に耐震化を進めて欲しい。またその動きを後押しするために賃貸のアパートの耐震化を公表する制度が必要で、それによって耐震性があることがアパートの価値につながり、入居の際の大きな目安になるはずだ。社会的に弱い立場の人が住んでいることが多い賃貸アパートの

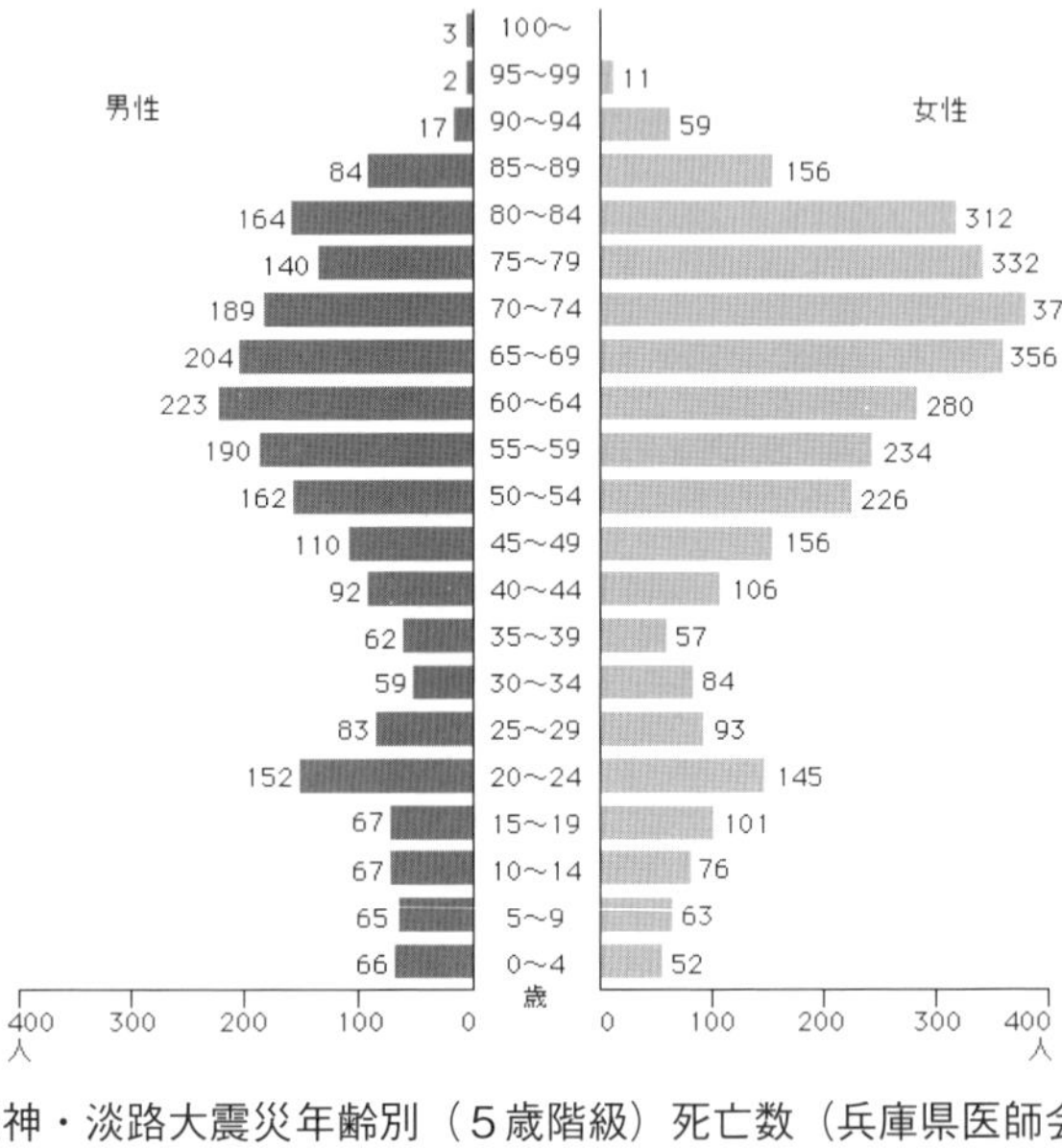

阪神・淡路大震災年齢別（５歳階級）死亡数（兵庫県医師会）

耐震化を進める必要がある。

さらに地震の後の火災対策も重要だ。関東大震災や阪神・淡路大震災を振り返ると、地震火災は最も怖い二次災害だとわかる。阪神・淡路大震災では285件の火災が発生し、焼失面積は約70ヘクタールに達した。火災の原因ははっきりしていないものが多いが、わかっているものの中では電気器具に関連する火災が多くなっている。地震の時に使っていた電気ストーブなどのスイッチが入ったままになっていて、避難している間に停電が回復し、周りの燃えやすいものに火がついて火災になるといった通電火災だ。

熊本地震では火災の発生件数が少なかったことから早期に消火することができたが、心配される首都直下地震では、木造住宅の密集地で火災が連続的、同時的に発生し、最大で41万2、000棟が焼失し、1万6、000人が亡くなる恐れがあると国が被害想定をまとめている。同じように近畿直下や中部直下の地震でも甚大な被害が出る恐れがある。

地震後の火災を防ぐための対策の一つとして、避難している住宅のブレーカーを切ることが重要で、強い揺れで自動的にブレーカーのスイッチが切れる「感震ブレーカー」を電力会社が設置するようにするなどの対策を急ぐ必要がある。

国の被害想定によると、心配される首都直下地震では死者は9、700人にのぼっているが、そのほとんどが住宅の倒壊と火災によるものだ。住宅の耐震化と地震火災の対策が被害軽減の鍵になるのだ。

第2章　東日本大震災からの復興

1　6年経った被災地

《原発災害の深刻さ》

東日本大震災から5年経った２０１６年（平成28年）から２０１７年（平成29年に）かけて、東京電力福島第一原子力発電所や原発周辺の被災地を改めて取材した。原発事故が被災地や被災者から奪ったものの大きさと復興や廃炉にかかる道のりの遠さと費用の膨大さを改めて痛感した。

２０１７年（平成29年）の春、政府は「帰還困難区域」を除いた地域の避難指示を解除することを決めた。政府は福島原発周辺の地域で放射線の量を減らすために除染の作業を行ってきたが、「一定の範囲内を隈なく除染する面的な除染は3月で完了したことが大きな理由だった。その後はモニタリングの結果によるスポット的な除染になる」としていた。除染がひとまず区切りを迎えたことから住民の帰還の道が開け、比較的放射線量が高く、原則として立ち入りが禁止されている「帰還困難区域」と、福島第一原発が立地する双葉町と大熊町を除いた地区の避難指示を解除することにしたのだ。

東京電力福島第一原子力発電所の取材（2017 年５月）

しかし避難指示が解除されても戻らないという人が若い世代を中心に増えていた。その厳しい現実をみるために、既に解除された自治体を取材した。

福島第一原発からおよそ20キロのところに位置する福島県双葉郡葛尾村を取材したのは2017年（平成29年）2月のことだった。葛尾村は2016年（平成28年）6月に一部の地区を除いて90％の世帯の避難指示が解除された。震

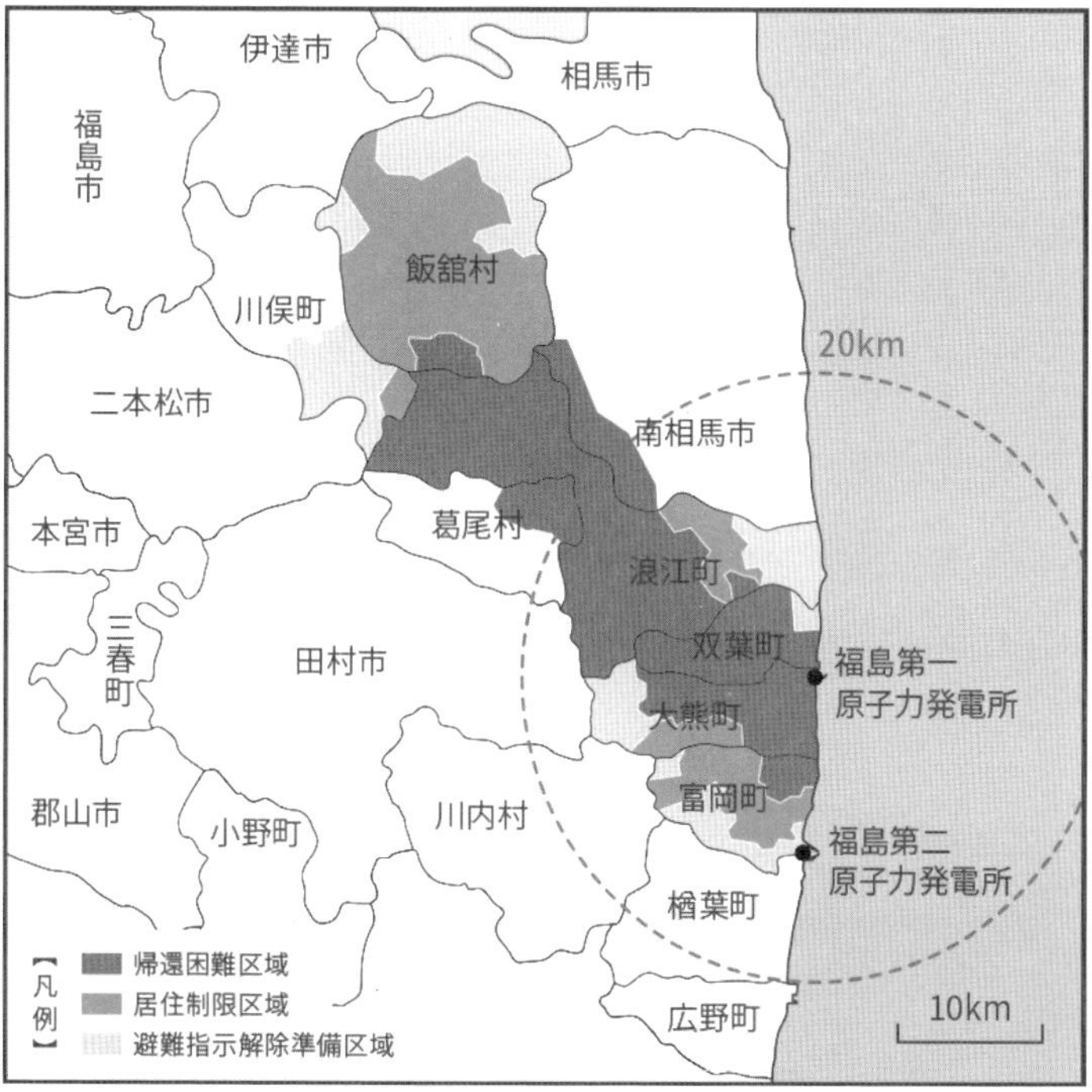

福島第一原発周辺の避難指示区域
「『避難者』とのかかわり ～支援のカタチ～」（東日本大震災支援全国ネットワーク・2017年2月現在より）

災前には1、567人の住民が暮らしていたが、避難指示解除から9か月経って戻った住民は116人にとどまっていた。しかも戻った人のほとんどが元気な高齢者だった。村を歩いていても人の姿はなく、水田や畑などの農地には除染廃棄物をつめたフレコン（フレキシブルコンテナバッグ）と呼ばれる大きな袋が積まれていた。あちこちに積まれたフレコンの数はおよそ37万2、000袋にのぼっていた。

村の中ではガソリンスタンド以外の商店やスーパーの営業はなく、生鮮食品を買うことはできず診療所の医師の確保の見通しもたっていなかった。

学校の再開も難しい課題だった。町の中心部では小学校や中学校の改修や体育館の新築工事が進められ、4月から児童、生徒を迎えるはずになっていた。しかし通学希望者は5人しかなく、村はやむなく学校の再開を1年延ばして2018年（平成30年）の4月にした。村の復興担当者は「村が復興していくには学校が必要で、子供たちが戻ってこなければ村の将来を描くことができない」と話していた。復興への道筋がまったくみえ

開校に向けて工事が進められていた葛尾中学校（2017年2月）

田んぼに積まれた除染廃棄物の入ったフレコン（2017年2月）

ないといっていい状況で、原発周辺の自治体に共通した大きな課題となっていた。

住民の帰還の障害になっているものが何かを考えるために、葛尾村では避難指示解除後の2016年（平成28年）12月、全世帯の住民に意向調査を実施した。それによると、村への帰還について「戻りたいと考えている」が33・5％あったが、避難先で新たな生活を始め「戻らない」が28・3％、「どうするか決められない」も21％あった。住民の悩みの深さをうかがわせる結果だ。

また帰還を判断する上で必要な情報を複数回答で聞いたところ、「道路、病院などの社会基盤の復旧」が最も多く、次いで「放射線量の低下、除染」「どの程度の住民が戻るかの状況」「働く場の確保」「放射線の人体への影響に関する情報」といった答えが多かった。放射線の健康への影響がどのくらいあるのか、またいつ頃影響がでるのかわからないことへの不安が根強いことがわかる。

この調査から帰還に向けた課題を二つ指摘することができる。まずは帰還したり、帰還を望む人は高齢者が多いことを考えると、医療機関や商店やスーパー、それに交通機関の確保といった生活基盤の整備を急ぐことが重要だ。二つめは除染だ。政府は除染に一つの区切りがついたとしているが、住民の受け止めとは大きな隔たりがある。「帰還困難区域」に接した場所や里山などについてもできるだけ除染を進め、住民の不安を解消していく息の長い努力が必要だ。

《岩手・宮城の復興まちづくり》

福島県以外で復興はどこまで進んだのか。東日本大震災ではかつてない規模で復興のまちづくりが進められているが２０１７年（平成29年）春の段階で、高台移転の造成は９割が完了し、土地のかさ上げは７割が完成に近づいた。といっても土台ができたということで、東日本大震災から６年たって、ようやくぽつぽつと家が建ち始めたところが多かった。

町全体の６割近くが津波で流された岩手県大槌町は、かさ上げが４か所、高台移転が21か所で進められた。最大の工事は町の中心部のかさ上げ工事で、30ヘクタールをかさ上げする工事がほぼ完成した。しかしここでも住民の帰還は進んでいなかった。町がこの地区の土地所有者と住んでいた人に「戻ってきて家を建てるか」などとアンケート調査を行ったが、町が目標とする２、１００人に対して、「戻ってくる」と答えた住民は６割弱だった。

そこで町はこの地区に家を建てる人への新たな助成制度を打ち出したり、不動産会社などと協力して空き家を紹介したり、あっせんしたりする仕組みをつくって住民の帰還を進めようと努力していた。

瓦礫を片つければ建物を建てることができた過去の災害に比べ、大がかりな工事で時間がかかっていることの影響は被災地と住民に重くのしかかっている。避難生活も６年を超え、健康状態、資金繰り、子供の教育など避難しているそれぞれの家庭を取り巻く状況は様変わりしている。そうした問題に個別に丁寧に対応していかないと住民の帰還は難しいと痛感した。

《遅れる産業やなりわいの再生》

国は被災地の産業やなりわいの復興に4兆円近い予算を投じることにしている。さまざまな事業者や水産業者に前例のない手厚い補助をして、店舗や事業所、工場などハードの再建は早いスピードで進んできたといえるが、震災から6年経って翳りもみえはじめた。

再建費用の4分の3を補助する国の「グループ補助金」を受けた事業者へのアンケート調査によると、売上が震災前の状態まで回復した事業者の割合は年々増えてきていたが、2016年（平成28年）に伸びが止まった。

問題は「人手不足」と「販路の回復が進まない」ことだった。多くの水産加工場は立派な設備はできたが、働き手が足りないという悩みを抱えていてフル操業できない状態が続いていた。

また販路の回復も難しいというところが多かった。震災で休業している間に、震災前の取引先がほかから仕入れるようになり、生産を再開しても取引が戻ってこないのだ。そこで新たな納入先の開拓に力を入れていたが、思うように取引先はみつかっていなかった。

なりわいの再生という面では、福島県でも悩みを抱えていた。風評被害も加わって、農産物や海産物の多くは市場価格が回復していなかった。

福島県の食品は出荷前に徹底した検査が行われ、結果が公表されている。たとえば米はすべての袋について放射性物質の検査が行われ、平成27年産米と平成28年産米からは基準値を超えるものは一つもなかった。また海産物も平成27年4月以降は基準値を超えた件数はなくなっている。

さらに空間線量をみても、２０１６年（平成28年）12月の代表的な地点のデータは、南相馬市といわき市が０・07マイクロシーベルトで、東京・新宿の０・06マイクロシーベルトとほとんど同じレベルだった。

しかし残念なことに、多くの人が福島をみる目は変わっていない。福島県内の自治体の職員は「一度貼られた原発事故と放射能汚染のレッテルはなかなか消えない」と話していた。福島から避難した子供がいじめにあっていた問題と同じ背景を指摘することができる。

2　東日本大震災の復興予算

《10年で32兆円》

東日本大震災では10年間で32兆円の復興予算が投入されることになっている。２０１７年（平成29年）の段階で、すでに29兆円ほどが使われた。主な使い道としては住宅再建やまちづくりに約10兆円、産業やなりわいの再生と原発事故災害からの復興にそれぞれ約４兆円が費やされている。その財源は25年間の増税による10・５兆円のほか、歳出削減や株の売却などでまかなわれる。

巨額の資金を投じた復興政策には大きな特徴がある。それは個人や企業への直接的な支援に踏み切ったことだ。日本の災害復興は長年「個人の財産形成につながるものに公的支援は行わない」という考えをとってきた。これを転換したのが1998年（平成10年）にできた「被災者生活再建支援法」で、2007年（平成19年）に改正されて300万円の支援金を住宅の再建にも使えるようになり、事実上個人補償を認めることになった。

さらにこの考え方を大きく進め、グループを組んだ事業者の店舗や工場などの再建費用の4分の3を補助するグループ補助金や水産事業者の再建費用の8分の7を補助する制度が作られ、それぞれ約4、900億円と約1、300億円が補助された。また高台移転や土地のかさ上げには約9、600億円が使われた。

東日本大震災の復興にかかる予算は未曾有の大津波で家も仕事場も失った人たちと地域の再生のためにとられた前例のない事業だ。大津波で多くの市町村が壊滅的な被害を受けたが、こうした補助によって基幹産業である水産加工場が次々に再建された。復興には時間がかかっているが、こうした支援がなければ復興も進まなかったといえるだろう。

ただ考えなければならないのは、次に大災害が起きた時、同じような支援ができるのかという問題だ。東日本大震災の社会インフラの被害額は16・9兆円と推計され、復興に32兆円が投じられる。

心配される南海トラフ地震では、中部から九州にかけて甚大な被害が出ると予想され、その被害額は東日本大震災の10倍の169・5兆円にのぼる。また首都直下地震も47・4兆円と推計されている。復興費用も被害額に応じてふくれあがることを考えると、南海トラフ地震が起きたときには、被災者生活再建支援金だけで８兆円が必要になると試算されている。今後の防災のあり方を議論した国の検討会は「想定される大規模災害が発生した場合、これまでと同様の対応は極めて困難である」と指摘している。

３ 防災に〝女性の視点〟を

《長びく避難生活》

災害が提起する課題の中には、時間が経たないと見えてこないもの、また時間の経過の中で成果が見えてくるものなどがある。ここではそうした問題を扱っておきたい。

はじめに提起したいのは、東日本大震災の避難所で、弱い立場の人への配慮が欠けているのではないかという指摘から始まった新しい動きだ。

東日本大震災では、岩手、宮城、福島の３県だけで、小学校の体育館などに、最も多いときには2、１００か所の避難所が作られ44万人余りが生活した。狭いところは１人１畳から２畳くらいの広さしかなく、寒い時期には床の上に段ボールや毛布などが敷かれるような環境だった。東北３県の避難所が閉鎖されたのは２０１１年（平成23年）12月28日で、長い人は９か月

東日本大震災の避難所
（2011 年 12 月）

以上も避難所生活を送った。

長い避難所暮らしで提起されたのが、女性の視点を防災対策に盛り込む必要があるという声だった。たとえば大分県臼杵市では、2013年（平成25年）8月に全国で初めて防災活動のリーダー役を育てようと民間の機関が設けた防災士の資格を持った女性たちの連絡協議会が設立された。集まった64人のメンバーは、避難所での被災者のケアや備蓄用品などを女性の視点から点検していくことにしている。また東京の豊島区では女性だけの防災対策の検討会を作って、東日本大震災で各地に設置された避難所で報告された様々な問題を女性の目から点検した。

こうした動きの背景を考えるにあたって、避難所生活で自治体に寄せられた要望を内閣府が男女別に整理したデータを紹介する。

男性に比べて女性の要望が多かった項目は、「男性の目線が気にならない更衣室、授乳室、入浴設備」が必要だという項目で、男女の要望の差が42・9ポイントもあった。次いで「妊婦検診など、母子健康サービスの実施」、「乳幼児が遊べる空間」、「安全な男女別トイレ」などとなった。

NPOなどが調べた他の調査や報告でも「女性や高齢者、子供は困っても声が上げられず、我慢しがちだった」とか「不満を言うと、避難所に居にくくなると感じた」といった声があった。避難生活の混乱の中で、男性ではなかなか気がつかないことが女性には不安やストレスにつながったことや、女性や高齢者が声を上げにくかった状況がうかがえる。

また備蓄品や支援物資についても、女性からは「粉ミルク」などの乳幼児に関わる製品や「生理用品」などの女性用品の要望が目立った。中には、「男性には有給でガレキの片付けなどの仕事があったが、女性は無給で多くの人たちの食事を作り続けた」という声もあった。食事の準備は毎日朝から晩まで続き、担当した女性が休む間もなかったことを意味している。

《避難所生活が新たな問題を引き起こす》

これまで避難所でどのように暮らすかというのはあまり考えられてこなかったよう思われる。その背後には災害で助かったのだから、多少の不満や不安は仕方ないといった考え方があった。

また避難所生活の問題に目が届きにくい背景には、自治体や地域で防災や被災者支援に関わる人たちの多くが男性で、避難生活に関わる計画やマ

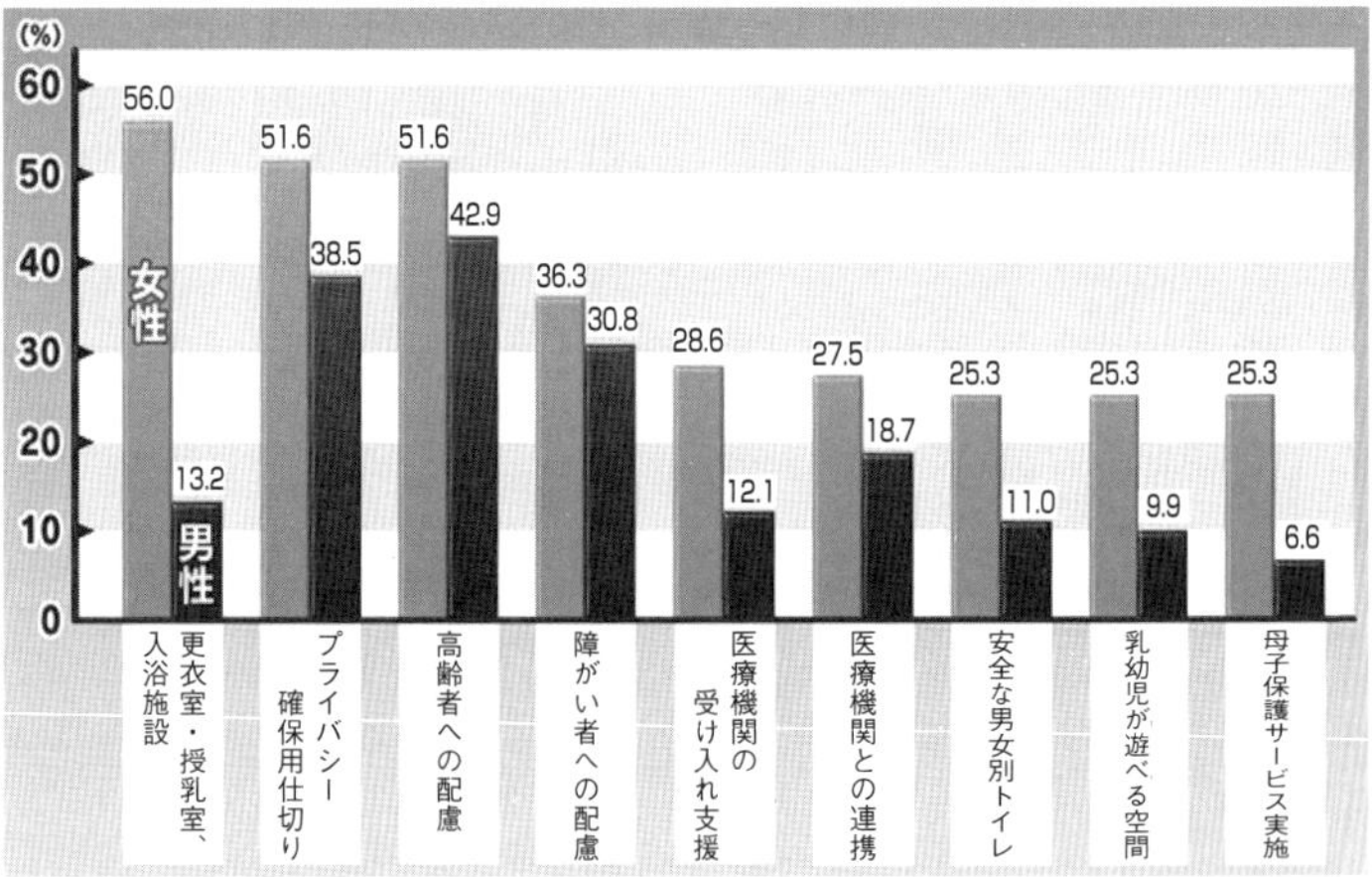

避難所での男女別の要望（岩手県・宮城県・福島県）（内閣府調査）

ニュアルが元気な男性の視点から作られているからだ。

東日本大震災の翌年に災害対策基本法が改正され、自治体が地域の防災計画を作る段階で女性が参加しやすい仕組みに見直され、都道府県の防災会議に占める女性委員の割合は、震災当事の２０１１年（平成23年）は３・５％だったのが、２０１５年（平成27年）には13％に増えたが、まだまだ少ない。また地域の防災の要の組織である消防団員に占める女性の割合は３％ほどで、これではなかなか女性の声が防災に生かされない。

しかし東日本大震災の避難所では時間が経つにつれて高齢者にも役割分担をして掃除や配膳などの仕事をしてもらったり、適度な運動をしてもらうところがあった。

女性消防団員の操法大会

そうした経験を踏まえ、豊島区の女性だけの検討会は今後災害が起きて避難所を設置する際には、「避難所の運営の役員に必ず女性を入れる」とか「授乳や仮眠、着替えのための女性専用スペースを作る」「避難所に相談窓口を作る」などといった要望をまとめた。

また山梨県南アルプス市の防災訓練では、会議室などにある机とシートを使って、授乳や着替えのスペースを実際に作ってもらったり、段ボールで高齢者や持病を持った人が区切られた空間で休めるようにするベッドを作る訓練をしていた。

さらに避難所に来た人から自由に場所を確保していくのではなく、まずはみんなで話し合いをするスペースを確保し、その後高齢者にはトイレに行きやすい出入り口に近い場所や部屋をとったり、乳幼児や障害のある子供がいる家族には専用の部屋やスペースを確保するといった避難所のマニュアルを地域で作るところも出始めた。

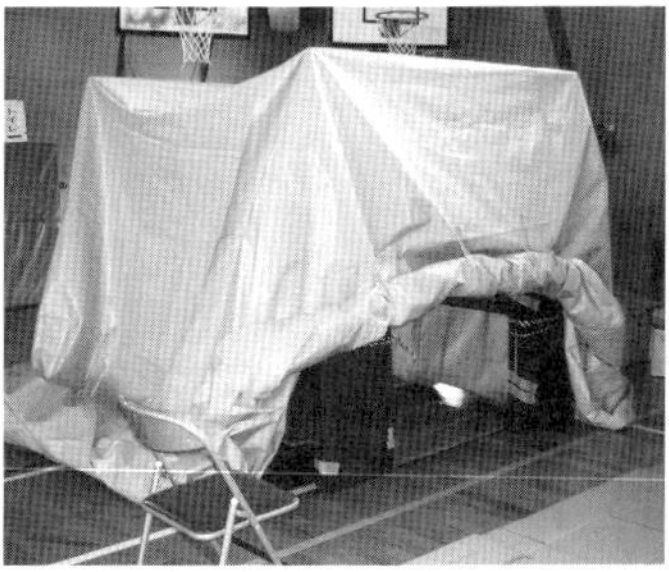

事務机とシートで作った脱衣所・授乳スペース

《阪神・淡路大震災が教えた被災者支援のあり方》

阪神・淡路大震災をきっかけに、東日本大震災などの被災地で現在も行われている被災者支援の道筋を切り開いた一人の女性がいる。黒田裕子さんだ。日本の防災対策が建物や施設を作るハード対策が中心だった時代に、黒田さんは被災者に寄り添ったソフトの対策の大切さを訴えた。黒田さんは阪神・淡路大震災から20年を前にした2014年（平成26年）9月に肝臓がんで73歳で亡くなった。その年の12月、生前交流があった約600人が集まって神戸市で「偲ぶ会」が行われた。親交が深かった作家の柳田邦男さんが「黒田さんが築いた被災者支援のスタイルは、現在の被災者支援の原型として実践されている」と弔辞を述べた。

黒田さんが被災者支援を始めたきっかけは阪神・淡路大震災で、当時、黒田さんは兵庫県宝塚市立病院の副総婦長をしていた。次々に運ばれてくる病人やケガ人は病院だけでは受け入れきれず、総合体育館の避難所に緊急救護所が開設され、黒田さんはそこで1か月にわたって対応にあたった。その後病院に戻ったが、各地の避難所では体調を崩したり亡くなる人が出始めた。黒田さんはそうした人たちのため、病院から出てやることがあるのではないかと考えるようになったという。そして地震から半年後、病院を辞め被災者支援のボランティア活動に身を投じた。阪神・淡路大震災は多くのボランティアが生まれるきっかけになり「ボランティア元年」と呼ばれ、その年だけで137万人のボランティアが兵庫県で活動したが、黒田さんもその一人だった。

故・黒田裕子さん（阪神高齢者・障害者支援ネットワーク）

黒田さんが拠点にしたのは120棟1,060世帯が暮らしていた神戸市の西神第7仮設住宅だった。当時行政は仮設住宅が完成すると、各地の避難所にいる高齢者を優先的に入所させていた。このため初期にできた仮設住宅の高齢化率はのきなみ高く、西神第7仮設住宅は47・4%、一人暮らしの高齢者が450人もいた。

黒田さんは賛同した仲間とともに仮設住宅の一角にテントを張り、仮設住宅の一軒一軒を訪ね歩いて声をかけ、応答がないときには電気メーターを確認し、健康相談や生活の介助にあたった。この頃に私は黒田さんを取材したが、テントはいつでも被災者が訪ねてこられるよう24時間体制で開かれていた。「被災者は日が暮れてから寂しくなる。その寂しさに寄り添うためには24時間体制での見守りが必要だ」と話していた。

黒田さんが被災者支援に果たした役割は、大きくいって二つある。一つは被災者支援のあり方のモデルを作り全国各地に広げたこと、もう一つは後継者の育成に努力したことだ。

まず被災者支援のあり方のモデルを作った点だが、当時は被災者を支援するといっても、具体的にどうするのかはっきりわかっていなかった。黒田さんは「現場で考える」が口癖で、被災者と向き合う中でやるべきことを探っていった。日本で初めて仮設住宅の中に作った「グループハウス」もその一つだ。

高齢者が多い仮設住宅には様々な問題があった。震災によって家族や職を失い、アルコールに依存してしまう人、朝はご飯に塩をかけ、昼は醤油、夜はお味噌で食べて、顔や足がむくんでしまった人などがいた。また認知症の母親が、息子から乱暴を受け体にアザを作るなどのケースもあった。

黒田さんはそうした人たちがまとまって暮らしながら、生活を立て直す施設が必要だと考え、行政を巻き込んで、仮設住宅の1棟を改修し、個室と共有のスペースを設けた「グループハウス」を作った。ここで生活を共にしながら被災者の自立を目指したのだ。

その甲斐あって認知症の母親はいろんな人と話すようになって紙おむつを外せるようにな

り、息子も母親と離れて暮らすようになって、気持ちに余裕が生まれた。また職を失った人のために内職の仕事も捜してきた。こうした「デイサービス」と「集いの場」を兼ねた「グループハウス」は少しずつ成果を上げ、行政にも評価されるようになった。そしてその後の新潟県中越地震や東日本大震災などの災害では、仮設住宅の中にあらかじめ併設されるまでになった。

東日本大震災では、亡くなる1か月前まで宮城県気仙沼市を中心に活動し、現場で看護師やボランティアなどに経験とノウハウを伝えていた。2011年（平成23年）5月にNHKテレビ「視点・論点」で、『在宅の安否確認は訪問の仕方によって異常の早期発見に努めることです。履き物の脱ぎ方によって、台所の汚れ具合のなかから、換気扇の汚れ具合から、ゴミ箱の中にあるものの中から、室内の荷物の乱れから、会話の中から状況が把握できます。これが在宅のケアのポイントです』などと具体的に実践のポイントを話している。

神戸市で行われた「偲ぶ会」には、気仙沼市の仮設住宅の自治会長、尾形修也さんもかけつけ「何もかもなくしましたが、黒田さんたちの暖かい支援に救われました」と感謝の気持ちを伝えていた。

黒田さんはNPO「阪神高齢者・障害者ネットワーク」の理事長として、高齢者や障害者などの支援活動を行うとともに、若い看護師などへの講義や講演も精力的に続けていたが、その中で繰り返し話していたのは「被災者を患者として病気を見るのではなく、一人の人間として、その人のそれまでの人生や文化、暮らしを見ることが大切だ」ということだ。

また行政に対しては、今後の災害対策では高齢者や障害者を手厚く支援する「福祉避難所」の開設をあらかじめ準備しておく必要があると訴えていた。

災害が常に弱い立場の人に大きな被害と負担をもたらすことを考えると、急速な高齢化が進む中、黒田さんが目指した防災と医療、防災と福祉の連携は今後の大きな課題だ。

4 東日本大震災が突きつける津波火災

《津波火災》
東日本大震災は津波と火災に深い関係があることを明らかにした。それまで別々の課題だと考えられてきた津波と火災に深い関係があることがわかってきたのだ。大量の海水が襲ってくる津波の中で、いったいどのようにして大規模な火災が起きるのか。本当に津波によって火災が起きるのならば、今後の巨大地震の防災対策を見直しておかなくてはいけない。
火災の専門家などで作る日本火災学会が、東日本の258の消防本部を調査したところ、地震発生から1か月の間に発生した火災は373件あった。このうち津波が原因で出火したり、延焼した火災は159件で、全体の43％にのぼった。
津波による火災は件数では全体の半分以下だが、火災1件あたりで住宅などの建物がどのくらい燃えたかを比べると、地震火災の17倍にもなっていた。津波による火災の猛威をみせつけられたかたちだ。

津波による火災は、1993年（平成5年）の北海道南西沖地震の際に奥尻島の青苗地区で発生し、およそ5ヘクタールが焼失した。しかし当時は大量の海水が押し寄せる中で火災が起きるのは稀なことで、奥尻島には燃料を積んだ漁船が並び、遊漁灯などの火だねがあったことなどの悪条件が重なって大きな火災になったとみられた。

しかし東日本大震災で、津波による火災が発生した自治体は、青森、岩手、宮城、福島、茨城、千葉の6つの県で、大きな津波が襲った東北から関東地方までのすべての県に広がっていた。

普通に考えると大量の水が存在する中で、火災が発生するのは考えにくいことだが、東日本大震災では、津波が住宅や自動車などを押し流して行く中で既に火災が起きていることが確認されている。

そのメカニズムとしては以下のようなことが考

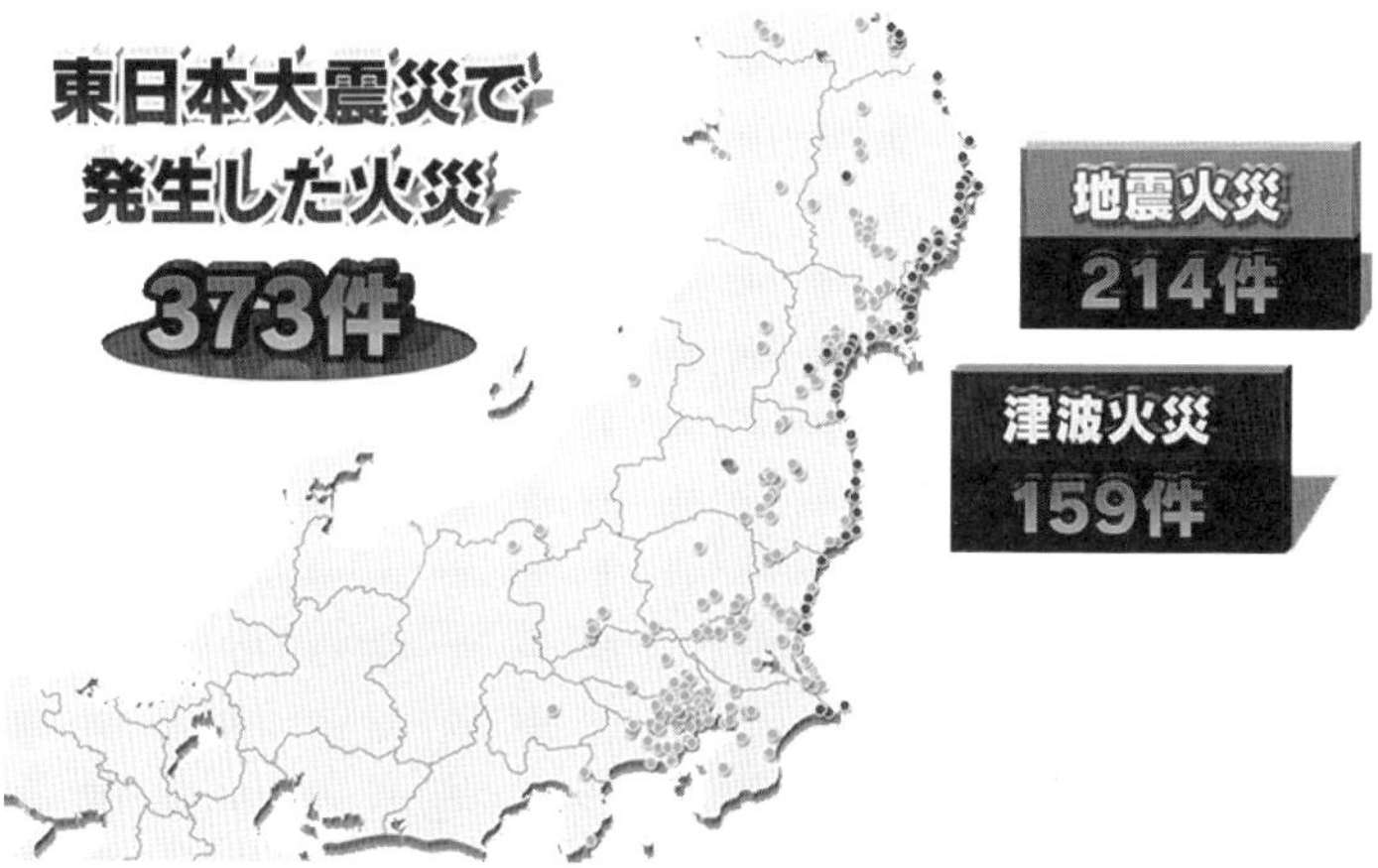

東日本大震災で発生した火災
（日本火災学会・東京大学大学院 廣井悠 准教授）

えられる。

海面に広がった自動車から漏れたガソリンや壊れた工場のタンクの重油などの油に、漂流物同士が激しくぶつかり合ったり、塩水に浸かったバッテリーなどがショートした時の火花で着火する可能性だ。しかも、油だけでなくガレキがあったことで火がつきやすかったとみられる。

その可能性を示す仙台市消防局の実験がある。仙台市消防局が10リットルの海水に100ミリリットルのガソリンを入れ、海水に自動車などのガソリンが流れ出した想定で、自動車のバッテリーからの火花で火がつくかどうかを実験した。海水とガソリンだけではなかなか火がつかなかったが、ガレキにみたてた木材や紙類などを置いたところ火がつきやすくなった。同じような実験は東京理科大学でも行われていて、木材や紙類のささくれや毛羽立ちが油を浸透しやすく、揮発しやすくして、ろうそくの芯のような効果を発揮したのではないかとみられている。

次になにが着火源になったかだが、専門家の現地調査などでは、津波火災の原因はわからなかったものが40％近くあったものの、23％は自動車が着火の原因だと推定されている。東日本大震災の直後に仙台港を取材した時にも、倉庫の建物に押し寄せられた複数の自動車が燃えている光景をみた。自動車のバッ

津波火災が襲った大槌小学校
（岩手県大槌町）

テリーや電気製品などの電気系統のショート（短絡）によって着火したものが多かったのではないかとみられる。

もう一つは、津波で引きちぎられたプロパンガス（LPG）のボンベから漏れたガスに、衝突やバッテリーのショートなどの火花で火がついた可能性だ。火災を目撃した人から、プロパンガスのボンベが爆発したのを見たとか、音を聞いたといった証言があることから、このタイプの火災も多かったとみられている。

こうして津波が襲ってくる中で火災が起き、火災そのものが津波によって内陸の奥の方に運ばれていった。そして壊れた住宅や山林などに燃え移って広がっていったのではないかと推定されている。

東日本大震災では津波火災全体の62％が宮城県で起きた。平地が広かったことから津波にのって火災が内陸まで運ばれやすかった上に、住宅や工場が並び、自動車や船舶なども多く、いったん火がつくと燃えやすかったためとみられている。大きな津波に襲われると、海岸沿いに平地が広がる、人口の多い都市部ほど津波火災の危険性が高くなることがわかってきたことになる。

燃えた自動車
（宮城県仙台港周辺）

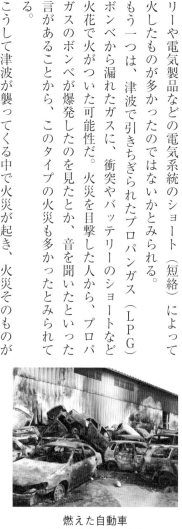

《津波火災の脅威》

津波による火災の脅威は防災対策に多くの課題をつきつけている。

一つは消火活動の難しさだ。火災対策で最も効果的なのは初期消火だが、津波の危険がある中では避難を優先させる必要があり、津波が去った後も多量のガレキが道路をふさぎ、消防自動車や消防隊員が近づくことができない。さらに、水道や消火栓が使えなくなる可能性も高い。

二つめは二次災害の恐れが大きいことだ。東日本大震災では津波避難ビルなどに火災が迫ったり、燃えたりしたところがあった。津波で生き残った人たちを火災が追い打ちをかけたことになる。南海トラフ地震対策として、東海から西日本にかけての多くの自治体で津波避難ビルを作ったり、計画したりしているが、国土交通省が定めている津波避難ビルの基準に、津波火災の対策は考慮されていない。

津波火災の調査や研究にあたった東京大学の廣井悠准教授は「南海トラフ地震の被害想定に津波火災は盛り込まれていないが、西日本の沿岸各地で東日本大震災と同じようなことが起きると考えて、対策を検討する必要がある」と指摘している。

5　福島県が突きつける複合災害

《福島県を襲った「複合災害」》

「複合災害」は一つの災害が起き、その後に前の災害と同程度か、より大きな災害が起きる場合をいう。東日本大震災で福島県は激しい揺れの後を大津波が襲い、その後に東京電力福島第一原子力発電所の事故が重なった。典型的な「複合災害」だ。

福島大学が実施した双葉郡8町村の住民の避難状況の調査によると、事故後半年間に避難場所を変えた回数は、全体としては1回から2回が17・2%だが、3回から4回が47・2%、5回以上が35・6%もいて、中には10回以上避難場所を変えざるを得なかった人もいた。特に原発に近い町村ほど回数が多くなっていて、事前の避難計画がないまま、場当たり的に避難させられたことがわかる。この避難の仕方によって多くの被災者がふるさとを追われ、避難する過程で家族や地域のコミュニティを失い、広範囲に分散して生活することを余儀なくされた。

復興庁のまとめで避難生活による生活の悪化な

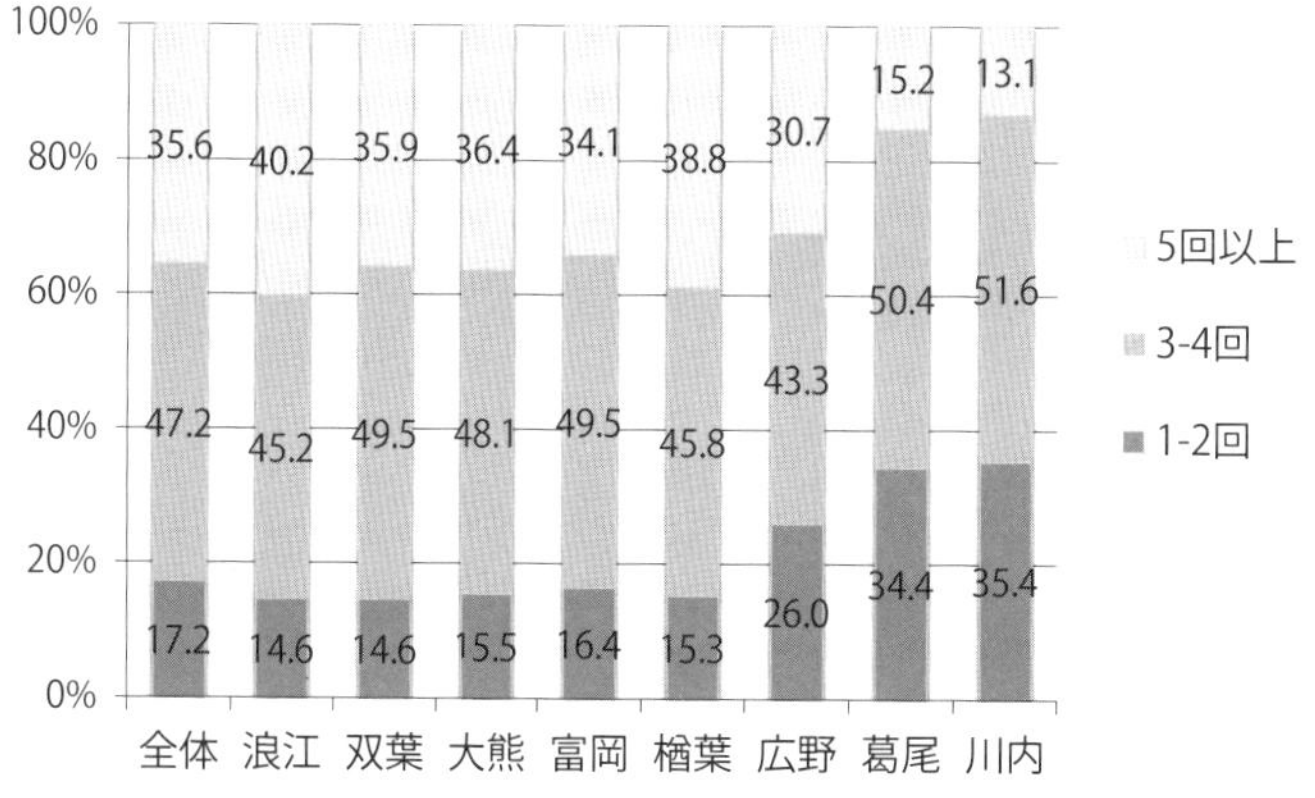

双葉8町村民の避難回数（2011年3月～9月）
「平成23年度双葉8か町村災害復興実態調査 基礎集計報告書（第2版）」
（福島大学災害復興研究所）

どで亡くなった、いわゆる「震災関連死」は2017年（平成29年）6月末で、福島県では2、147人に達し、津波など震災の直接の影響で亡くなった1、615人を上回っている。関連死が直接の影響で亡くなった人を上回っているのは被災地の中で福島県だけで、福島県の原発被災者がいかに過酷な避難を強いられたかが理解できる。

《過去にもあった複合災害》

東日本大震災は津波と原発の複合災害だったが、歴史を調べると自然災害による複合災害が繰り返し起きている。

300年ほど前の1707年（宝永4年）10月28日、東日本大震災が起きるまで、歴史に残る最大の地震とみられていたマグニチュード8・6の宝永地震が南海トラフで発生し、東海から四国までの太平洋側を中心に5、000人余りが亡くなった。その49日後の12月16日には、富士山が大爆発する宝永噴火が始まった。周辺に大量の噴出物が降り注ぎ、遠く江戸の町にも2センチから5センチの火山灰が積もった。大量の火山灰はその後大雨の度に流れ下り、30年近い長きにわたって被害を出し続けた。

また1854年（安政元年）12月23日には午前9時頃にマグニチュード8・4の安政東海地震が発生し、静岡県から紀伊半島にかけて大きな被害が出た。その32時間後の12月24日午後4時半頃、やはりマグニチュード8・4の安政南海地震が発生し紀伊半島や四国などで甚大な被害がでた。この二つの巨大地震の連続で、合わせて2、600人余りが亡くなっている。

さらにその翌年の1855年（安政2年）11月11日、江戸の町を阪神・淡路大震災並の直下型地震（マグニチュード6・9）安政江戸地震が襲い、約4、000人が犠牲になった。災害の連続は更に続き、江戸の町が復興途上の翌1856年（安政3年）9月23日、今度は強い暴風雨が江戸の町に襲いかかった。これは、東京湾の西側を猛烈な台風が北上したとみられている。大きな石が飛び、大木が倒れ、高潮も発生して、死者は10万人に達したという。

歴史を振り返ると、複合災害は決して絵空事ではないことがよくわかる。政府は2015年（平成27年）の7月に開かれた中央防災会議で、自然災害と原子力災害が同時に発生する複合災害を想定し、情報収集や意思決定を一元化することなど対策の強化を国の防災基本計画に盛り込んだ。これを受けて原発が立地している自治体では、複合災害を地域防災計画に盛り込む動きが始まっている。しかし巨大地震の連続や地震の後の火山の噴火、さらには地震と台風の続発といった複合災害への備えは進んでいないのが現状だ。

《自治体で取り組み始めた複合災害対策》

全国をみると独自に複合災害対策に乗り出した自治体も出始めた。0メートル地帯が面積の70％を占める東京江戸川区では、首都直下地震が起きた後に猛烈な台風が直撃する複合災害を想定して対策を始めたところ、洪水が単独で襲ってきた時より、深刻な被害がでることがわかった。江戸川区の周辺は高い堤防に囲まれていて、洪水や高潮の被害を防ぐ役割を担っている。ところが首都直下地震の強い揺れや液状化現象によって、堤防が沈下したり壊れたりしてしまう恐れがある。実際に阪神・淡路大震災では、淀川の河口の堤防が5・7キロにわたって、最大3メートルも沈下して壊れた。その状態で猛烈な台風に襲われると、上流からは荒川や江戸川の洪水が、また下流からは高潮が襲ってくることで、江戸川区はほとんど水没してしまう恐れがある。江戸川区では、その結果を「江戸川区版3・11を考える」と題したチラシにして住民に知らせている。

江戸川区では洪水が単独で襲ってくる際には区内の避難所に住民を避難させる計画になっているが、複合災害に見舞われた際には隣接する標高の高い自治体に避難するしか方法がないとして、今後隣接する自治体や東京都などに広域避難の検討を求めていきたいとしている。

また2015年（平成27年）の「防災の日」に、札幌市と愛媛県が初めて複合災害を想定して訓練を行った。札幌市は地震と大雨がほぼ同時に起きた想定で、また愛媛県は大雨の中、大規模地震が発生した想定で防災訓練を行うなど、先進的な自治体では徐々に複合災害を考える動きが出始めている。

《複合災害も想定する》

考えておかなくてはいけないことは、これだけ災害の多い国で、常に災害が単独で襲ってくることは限らないということだ。複合災害を想定外にしてはいけない。政府と自治体は、過去に経験した複合災害の被害と課題を洗い出し、現在の態勢では対応が難しい広域避難を検討しておく必要がある。従来の防災対策は地震・津波は内閣府、洪水は国土交通省、火山は気象庁と自治体が中心といったかたちで進められている。しかし複合災害では省庁や自治体の枠を越えた体制での検討が必要だ。

住民としても大きな災害が同時に起きるとか、重なって起きる可能性があることを踏まえ、出来る対策を着実に進めておくことが大切だ。住宅の耐震化、家具の固定、食料などの備蓄。最初の災害で少しでも被害を減らすことが、次の災害への備えにつながる。

東日本大震災の大きな被害は地震、津波、原発事故が重なった複合災害がもたらした。最近は強い勢力の台風が上陸したり、火山の活動が活発化したりしている。これまでの防災対策は単独の地震や火山の噴火、台風災害を想定してきたが、今後は首都直下地震や南海トラフ地震が起きた後に猛烈な台風が襲ってきたり、火山が噴火したりする恐れがあることも想定しておく必要がある。

第3章　南海トラフの新しい情報を生かすために

1　国の地震防災対策の大転換

《予知を前提としない防災》

２０１７年（平成29年）11月1日の正午から、気象庁は南海トラフ全域を対象に、巨大地震発生の可能性を評価する新しい情報の発表を始めた。これにともなって東海地震に関する情報の発表は止めることになった。これは政府の検討会が東海地震について、社会や経済の活動を大幅に規制する「警戒宣言」を発表できるような「確度の高い地震の予測はできないのが実情だ」「大規模地震対策特別措置法に基づく現行の地震防災応急対策は改める必要がある」とする報告書を２０１７年（平成29年）9月にまとめたことがきっかけだ。報告書の発表を受けて菅義偉官房長官は「新たな防災対応の構築を急ぐ必要がある」と述べ、政府はこれまでの対応を早急に見直し、関係省庁に対して、南海トラフで異常な現象が観測された際には速やかに情報を発表する新たな仕組みを作るよう指示した。これを受けて気象庁は10月26日に、新しい情報の詳しい内容や発表基準などを発表した。この一連の動きは、国が40年にわたって進めてきた地震防災対策の大転換を意味している。

《地震予知と東海地震》

東海地震は20世紀の地震予知が生み出した地震だ。東海地震は静岡県の沿岸を震源域として起こるとされるマグニチュード8クラスの巨大地震だが、発生する前から、地震の規模や震源域がわかっているうえに、名前までつけられた地震はそれまでにはなかった。最近は心配される首都直下地震や南海トラフ地震などについて、様々なデータを使って被害想定が行われ発表されるようになったが、東海地震説がとなえられた頃にはなかった。

地震予知は、「いつ」、「どこで」、「どのくらいの規模」の地震が起きるかを事前に予知することだが、日本の本格的な地震予知研究は1962年（昭和37年）に地震研究者の有志がまとめた一つの提言から始まった。提言のタイトルは「地震予知～現状とその推進計画～」で通称ブループリントと呼ばれ、後に地震学会が決議したことからわかるように、当時の地震研究者の多くの考えだったとみることができる。

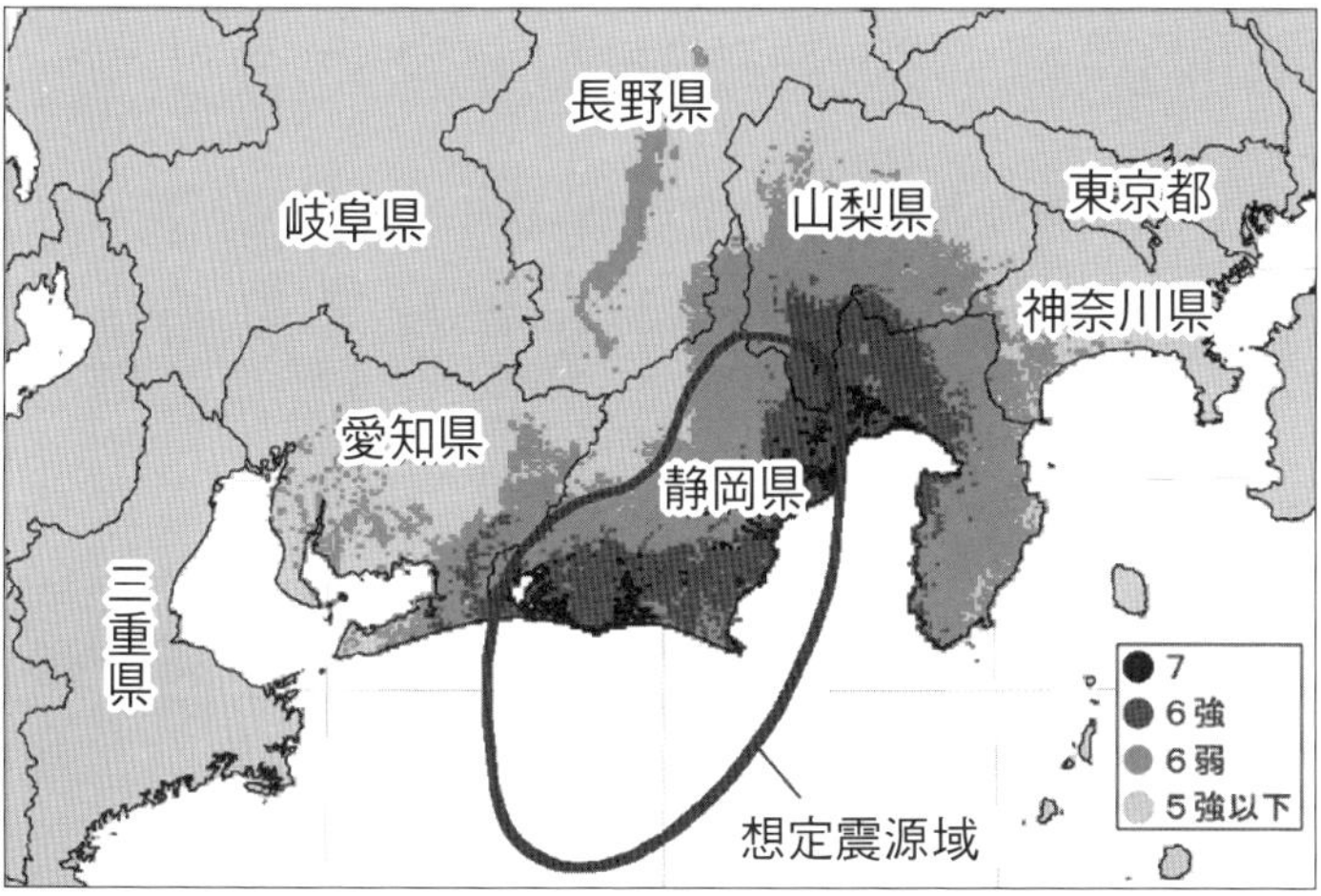

「東海地震の想定震源域」と「想定される震度分布」
（想定及び図は内閣府による）

提言の中には「地震予知がいつ実用化するか、すなわち、いつ業務として地震警報が出されるようになるか、については現在では答えられない。（中略）10年後にはこの問いに充分な信頼性をもって答えることができるであろう」と書かれている。地震の専門家の間で「近い将来、地震の予知ができるようになる」という楽観的な見方が支配的だったのだ。

当時の社会状況を考えると、地震研究や地震対策に対する関心が高まっていたことがうかがえる。１９６０年（昭和35年）５月24日には、地球の反対側の南米チリ共和国中部の港町バルディビア近海で発生したマグニチュード８・５の巨大地震による津波が約22時間かかって日本の太平洋側を襲い、三陸地方を中心に１４２人の死者・行方不明者をだし、１９６４年（昭和39年）６月16日には、新潟県北部の日本海に浮かぶ粟島の南の海底34キロを震源とするマグニチュード７・５の新潟地震が起きて26人の死者を出した。また１９６５年（昭和40年）には国の第１次地震予知研究計画がスタートし、同じ年の８月３日からは長野県松代町で群発地震が始まった。その後５年半にわたって地震が続き、最大マグニチュードは５・４、最大震度は５だったが、有感地震の回数は６万２、８２６回に及んだ。当時の松代町の中村兼治郎町長は「今、一番欲しいのは地震の学問だ」と記者会見で語り、１９６９年（昭和44年）には、地震予知に関する情報交換と検討を行う「地震予知連絡会」が発足した。

そしてちょうどこの頃、地球物理学上の新しい理論である「プレート・テクトニクス」が米国から紹介され、従来の地球観や地震学を変えていった。それまでの地震学者にとっては、地震の「力のもとは何かという問題は、（中略）タブーであった」（浅田敏編著「地震予知の方法」1978年、東京大学出版会）。しかし「プレート・テクトニクス」は、プレートの移動に伴うエネルギーの蓄積が歪を生じさせ、限界に達して歪が元に戻るときにエネルギーが開放され地震が起きると解き明かした。

そして1976年（昭和51年）、東京大学理学部の石橋克彦助手が過去の地震や津波の災害記録から、駿河湾では1854年（安政元年）以来120年以上大地震が発生しておらず、駿河湾の奥まで入り込んだ震源域で地震が起きれば甚大な被害が起きる恐れがあるという説を発表した。南海トラフは静岡県の駿河湾から九州の沖合いまで続く海溝で、おおむね100年から150年の間隔で巨大地震が繰り返し起きてきた。しかし今から70年ほど前の1944年（昭和19年）に起きた昭和の東南海地震の時に、駿河湾周辺だけが割れ残って地震が起きなかったというのだ。

この学説は地震学会でも大きく受け止められ、「明日起きてもおかしくない東海地震」としてクローズアップされて報道された。おりしも1975年（昭和50年）2月に起きたマグニチュード7・3の中国の海城地震で、行政当局が警報を出して事前に住民を避難させて多くの人命が救われたと報じられ地震予知に対する期待と楽観論が高まっていた。

そうした社会状況を受けて、当時の静岡県の山本敬三郎知事や静岡県選出の原田昇左右衆議院議員の熱心な働きかけなどによって1978年（昭和53年）6月7日、「大規模地震対策特別措置法（以下、大震法）」が成立した。当時の福田総理大臣は人命のために地震予知の立法化を指示したという。

大震法は予知を前提にした東海地震対策で、その後国を挙げて大がかりな体制が作られた。想定される東海地震の震源域に世界的にみても稀なほど密度の高い観測機器が設置され、これらを気象庁が24時間体制で監視し、地震発生の2、3日前に前兆を捉え、総理大臣が「警戒宣言」を発表し、これを受けて被害が予想される静岡県などの「強化地域」では津波の危険地域から住民を避難させたり、交通機関を止めるなどの厳しい規制をかけて被害を防ごうというものだ。

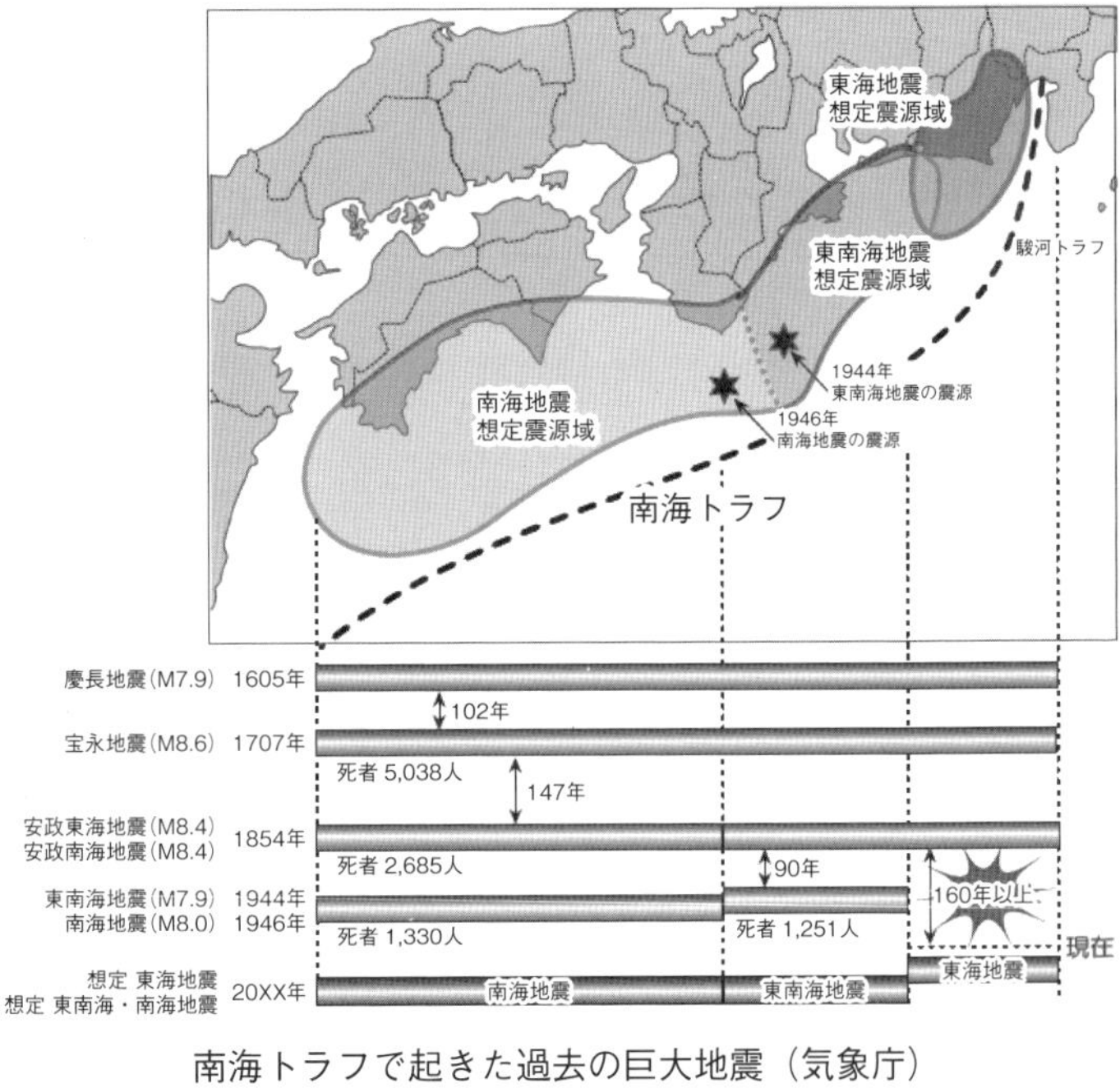

南海トラフで起きた過去の巨大地震（気象庁）

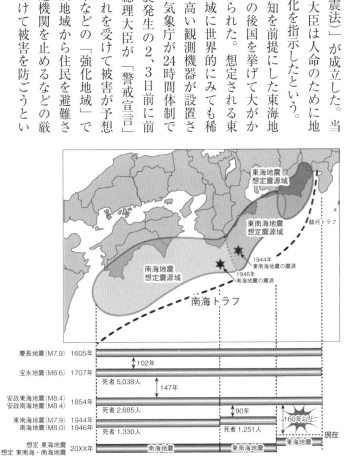

《メディアも協力した30分協定》

大震法成立の翌年、1979年（昭和54年）6月7日、日本新聞協会在京社会部長会と国土庁、警察庁、消防庁、気象庁の防災4庁の間で、東海地震の報道について、「判定会の招集に関する報道解禁は判定会招集の通報時刻の30分後とする」ことが申し合わせられた。いわゆる「30分協定」である。

東海地震の震源域に設置された観測機器が異常をとらえた場合、地震の発生が迫っているかどうかを判断するために、気象庁長官の諮問機関である地震の専門家による「判定会」が開かれ、報道機関にも即座に連絡されることになっていた。判定会で地震の発生が迫っていると判断された場合には、気象庁長官は「地震予知情報」を総理大臣に報告し、これを受けて「警戒宣言」が発表される流れだった。

しかし防災4庁は「判定会招集のニュースが『東海地震が発生する』と誤解される恐れがある」「防災機関や市町村の準備が整わないうちに報道が始まると、対応が間に合わず混乱が予想される」などとしていた。

私がNHKの社会部で災害取材班のデスクをしていたのは、大震法の制定から20年ほど経った時期だが、この協定について報道側は「人命、財産に直接関わる情報だけに、一刻も早く国民に知らせるのが報道の役割」であり、「パニックを防ぎ、社会の不安を鎮めるためにも正確な情報が必要」だとして撤廃を求めていた。そして2000年（平成12年）4月30日、防災4

庁側も「判定会が招集されても地震が発生するとは限らないことが周知されてきた。自治体などでも誤解や混乱のない対応が期待できる」として協定は撤廃された。

最近では報道の仲間と話していても「30分協定」を知っている人は少なくなったが、東海地震の予知をめぐる「30分協定」は21年にわたって存在し続けた。

こうして地震学者の予知に対する前のめりな姿勢と、地震予知と防災に対する社会の期待と、当時の政治の思惑と、メディアの協力によって、地震予知への幻想と東海地震は作り上げられたといっていいと思う。

《「住民ハ理論ニ信頼セズ」の碑》

予知と防災という面で、この国は苦い経験をもっている。

鹿児島市の桜島にある東桜島小学校の校庭の隅に、いわゆる「科学不信の碑」といわれる石碑が建っている。この石碑は国内で20世紀最大の火山噴火となった桜島の大正噴火の後に建てられたものだ。

政府の「災害教訓の継承に関する専門調査会」

桜島爆発記念碑
(鹿児島市東桜島小学校内)

の報告書などによると、1914年（大正3年）1月の桜島の大正大噴火では、数日前から体に感じる地震が発生したり、海岸から湯水が湧出したりしていて、周辺の集落の中には自主的に避難する住民が出始めた。そこで当時の東桜島村役場が鹿児島測候所に桜島の噴火の見通しを聞いたところ、測候所からは「桜島に噴火無し」との返答だった。それを信じた一部の住民が逃げ遅れて噴火に巻き込まれた。住民の犠牲者は30人にのぼった。

当時の地震計は現在のように震源を正確に測定することができなかった。噴火後の検証でも、当時の測候所の地震波形から震源を桜島に特定することは難しかったという。また1913年（大正2年）は霧島山が噴火するなど南九州一帯で地震や火山の活動が活発で、当時の鹿児島県知事も「前日早朝から地震を感じたが、桜島が噴火するとは思わなかった」と話している。

ところが1月12日午前10時過ぎ、西側の山腹から噴火が始まった。噴煙は数千メートルの高さまで上昇し、火山灰は遠くカムチャッカ半島まで飛んだといわれる。大量の火山灰によって桜島の黒神地区にあった高さ3メートルの神社の鳥居は一日のうちに埋め尽くされ、今では上の部分の笠木の部分などが1メートルほどが見えているだけで噴火のすさまじさを今に伝えている。

噴火から10年後に地元の住民の思いを込めた石碑が建てられた。石碑には『住民ハ理論ニ信頼セズ』と彫られていて、住民の無念な思いを知ることができる。「科学不信の碑」といわれるが、その後に続く石碑の文章から教訓を読み取ったほうがいいように思える。『異変ヲ認知スル時ハ未然ニ避難ノ用意尤モ肝要トシ』と続いている。

桜島の大正大噴火は観測やデータに裏付けられた予測や避難の対策などの備えがほとんどない中での災害だった。現在、桜島周辺には様々な観測機器が設置され、大正の大噴火の頃とは比較にならない精度で火山活動の観測と研究が進められている。また国や県、鹿児島市、それに気象台や京都大学の火山活動研究センターなど20以上の機関が毎月1回程度集まって情報交換をし、必要な場合にはフェリーなどを使って住民を島外に避難させる体制ができ、訓練も行われている。

自然が相手である以上、地震も火山の噴火も、いつ、どこで、どの程度の規模で発生するかを完璧に予測することは難しい。したがって予測や情報をやみくもに信じるのではなく、いざというときには自分の判断で対処しなければいけないことを石碑は伝えていると受け取ったほうがいい。どんなに研究が進んでも科学は万能ではないことを考えると、自分の安全を人任せにしない心構えが重要だ。その意味で石碑が伝える防災のメッセージは現在でも生きていると思う。

桜島の大正大噴火で埋まった腹五社神社の鳥居と筆者

2　大震法から40年が過ぎて

《地震の予知は容易ではない》

地震の研究が進むにつれて、皮肉なことに地震の予知は容易でないことがわかってきた。

日本付近ではプレートと呼ばれる海側の岩盤が、日本列島が乗っている陸側のプレートの下に、年に数センチずつもぐりこんでいて、おおむね100年から150年の間隔で巨大地震が繰り返し起きてきた。これが東南海地震と南海地震で、これら二つの地震は同時に起きたり、東南海地震が起きてその32時間後とか2年後に南海地震が起きたこともあった。この巨大地震は過去に少なくとも9回発生しているが、東海地震が単独で起きたことは一度もないとみられるようになった。

東海地震は海側のプレートの動きで地下に引きずり込まれた陸側のプレートが跳ね返ることで起きると考えられている。プレート同士が固くくっついている部分があるために海側のプレートが引きずり込まれるわけだが、限界に達して跳ね上がって地震を引き起こす直前に一部分がはがれて滑りはじめる「プレスリップ（前兆すべり）」が起こるとみられ、この変化を観測して「2～3日以内に大地震が起こる」と警告しようと考えてきた。

しかし研究の進展によって、ごく小さなプレスリップからいきなり大きな地震が発生したり、逆にプレスリップが観測されても、それが地震につながらない可能性があることがわかってきた。さらに調査や研究で南海トラフの状況が少しずつ見えてくるにしたがって、巨大地震を起こす震源域の広がりやその周辺ではゆっくりとしたプレートのすべりが断続的に起きていることもわかった。また伊豆半島があることで、海側のプレートのもぐりこみのスピードが、駿河湾では遠州灘から南よりも遅く、地震を引き起こすエネルギーが蓄積されにくいことなどもわかってきた。

　また海域地震を予知したとされる中国でも、その1年後の1976年（昭和51年）7月に起きたマグニチュード7・8の唐山地震は予知されなかったという。

　こうして研究が進めば進むほど、東海地震の予知は容易ではないことがわかってきた。またたとえ前兆を捉えることができたとしても「大地震が起こる」と言い切ることは難しく、「地震発生の可能性が相対的に高まっている」というくらいしか言えないというのだ。

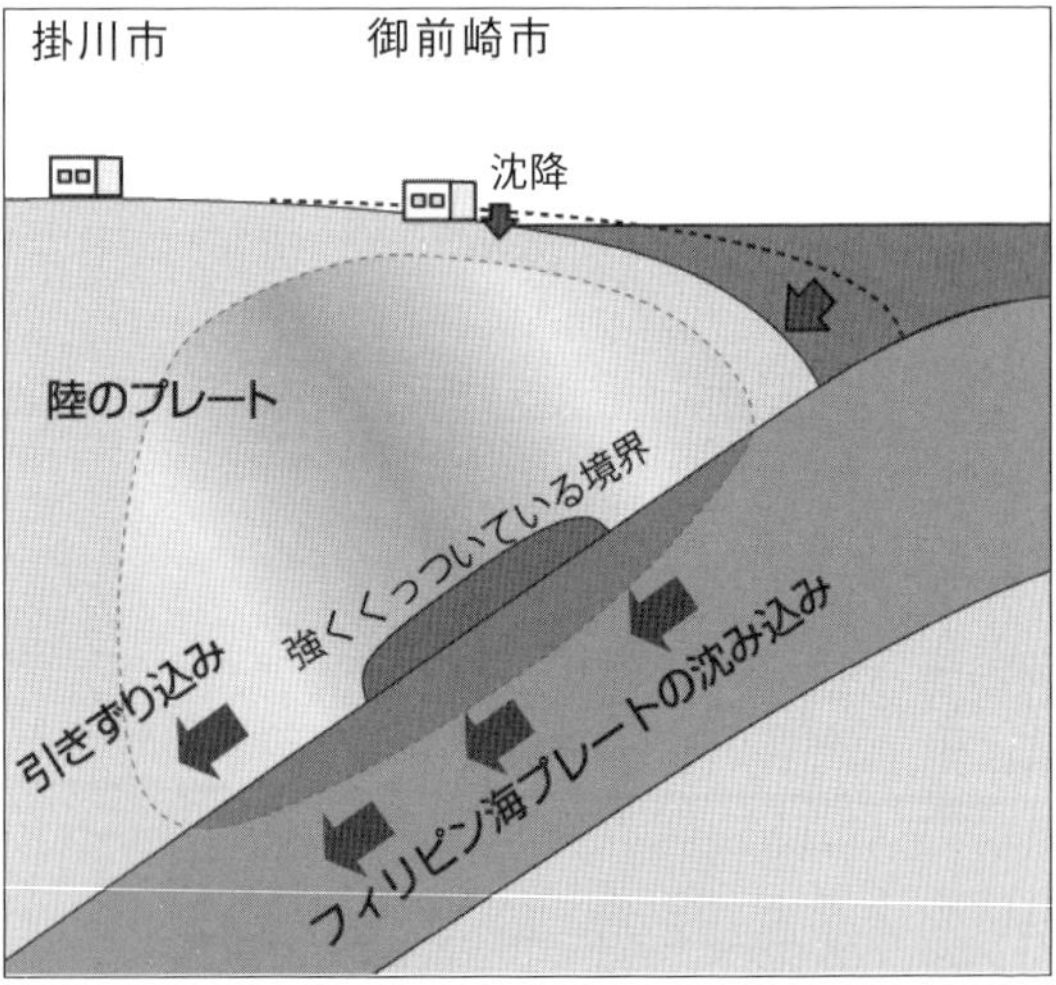

海側のプレートが陸側のプレートにもぐりこんでいるイメージ図（気象庁）

東海地震以外の地震についてはこうした予知の体制はとられておらず、1995年（平成7年）1月17日の阪神・淡路大震災や2011年（平成23年）3月11日の東日本大震災を予知することはできなかった。阪神・淡路大震災を予知できなかったことから、日本の地震研究は「予知」を目指すことから「地震の起きるメカニズム」を解明することに重点を移した。それでも国は「東海地震については唯一予知の可能性がある」としていた。そこへ襲ってきたのが想定もしなかった規模の東日本大震災で、プレート境界の地震であるにもかかわらず、プレスリップのような地殻変動は観測されなかった。さらに地震計やGPSなどの観測機器で様々な現象が観測されるようになったにもかかわらずプレスリップだけを根拠に地震予知ができるのかという疑問が出るに及んで、地震研究者も国も改めて地震研究の現状と限界を見つめ直さざるをえなくなったのだ。

こうして1962年（昭和37年）のブループリントから始まった地震予知を目指す研究と1978年（昭和53年）の大震法に始まった国の「予知」を前提とした地震防災対策は大きな転換点を迎えることになった。

2017年（平成29年）9月26日に発表された中央防災会議の「南海トラフ沿いの地震観測・評価に基づく防災対応検討ワーキンググループ」の報告書は「近い将来発生が懸念される南海トラフ沿いの大規模地震の予測可能性について最新の科学的知見を収集・整理して改めて検討した結果、現時点においては、地震の発生時期や場所・規模を精度高く予測する科学的に確立した手法はない」としたのである。

《南海トラフで出される新しい情報》

気象庁が発表する南海トラフ全域を対象にした巨大地震の可能性を評価する新しい情報は臨時と定例の二つがあって、このうち臨時の情報は「南海トラフ沿いで異常な現象が観測され、その現象が南海トラフ沿いの大規模な地震と関連するかどうか調査を開始した場合」などに発表される。

評価検討会のメンバーは6人の地震の研究者で構成され、東海地震の判定会の委員がそのまま就任し、月に1回定例会が開かれる。

心配される南海トラフ地震については、東日本大震災の後に政府はマグニチュード9・0の規模で被害想定を発表している。最悪の場合震度7の激しい揺れが静岡県や愛知県、高知県など10県の151市町村にのぼり、震度6強は大阪府や京都府など21府県239市町村に及ぶという想定結果だ。また津波は高さ10メートル以上が襲う恐れがあるのは5都県の21市町村、5メートル以上は13都県の124市町村にのぼっている。

これにより最悪の場合32万3,000人が亡くなり、238万棟が全壊したり焼失する恐れがあり、避難者はライフラインが使えなくなるなどして950万人に達し、交通機関が止まったり道路が使えなくなるなどして9,600万食の食料が不足し、被害総額は国家予算の2倍以上の約220兆円という結果だ。まさに国難というべき膨大な被害の想定だ。

気象庁は臨時の情報が出される代表的な例を三つ挙げている。

①一つめは、想定される震源域の半分でマグニチュード8クラスの巨大地震が起きた場合だ。過去にもそうしたケースがあって、1944年（昭和19年）12月7日にマグニチュード7・9の昭和の東南海地震が起き、2年後の1946年（昭和21年）12月21日にマグニチュード8・0の昭和南海地震が起きた。またその90年前の1854年（安政元年）12月23日の朝9時すぎにマグニチュード8・4の安政東南海地震が起き、31時間後の12月24日午後4時頃にマグニチュード8・0の安政南海地震が起きた。

②二つ目は、想定される震源域の中で、マグニチュード7クラスのひと回り小さな地震が起きた場合だ。南海トラフ地震では、発生前にマグニチュード7クラスの地震が起きた記録は

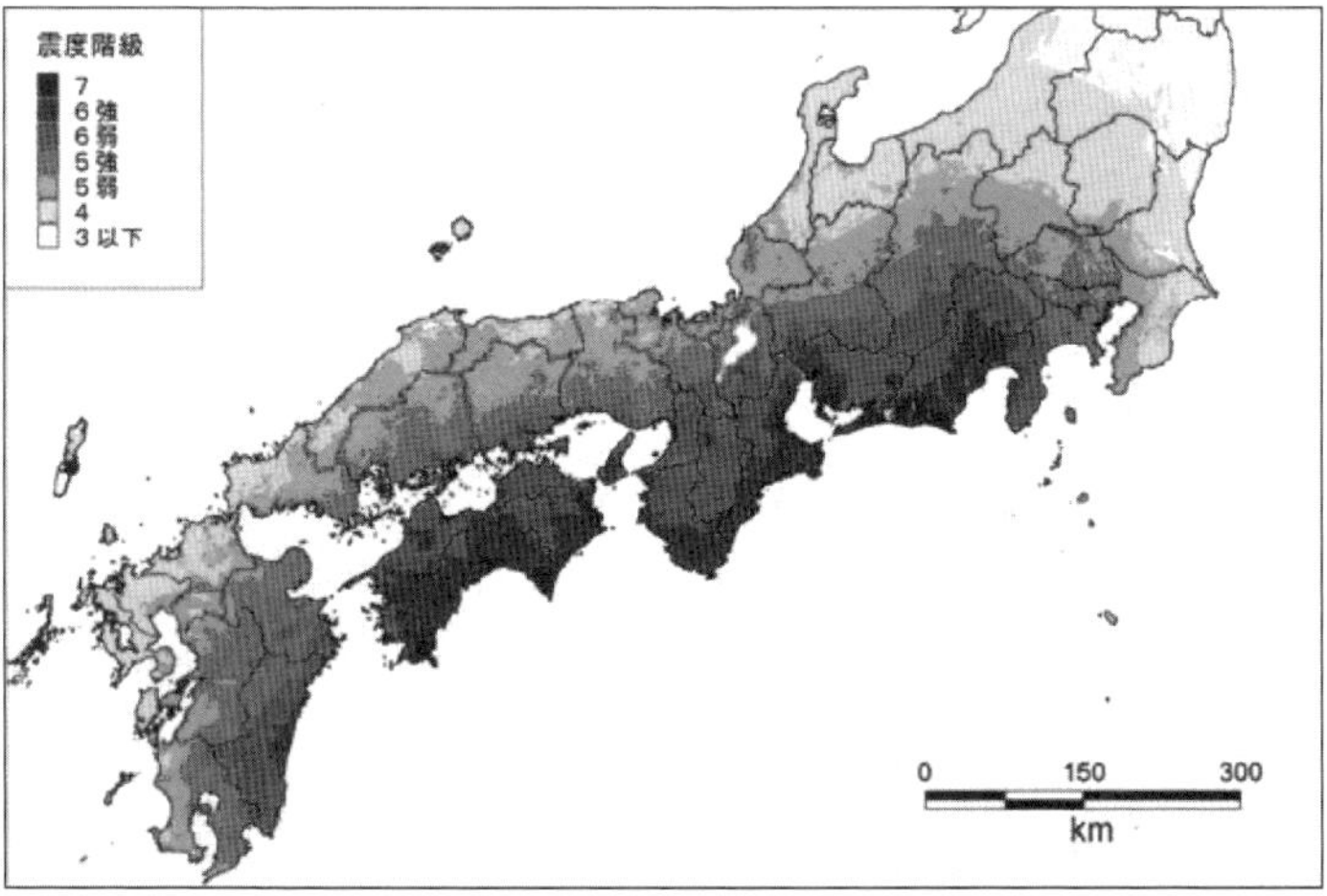

南海トラフ地震の震度分布（内閣府）

ないが、東日本大震災では２日前にマグニチュード７・３の地震が起きている。また世界で１９００年以降に発生したマグニチュード７・０以上の１、３６８の地震のうち、一週間以内に同規模異以上の地震が同じ領域で発生したことが24回あった。

③三つめは、東海地域に設置されている地盤のわずかな変化を捉える「歪計」で普段と違う変化が観測された場合だ。東海地域の「歪計」は東海地震を予知するために設置されてきたもので、「歪計」の変化で予知はできないものの巨大地震につながる可能性はあって関連を調査する必要があるとしている。

こうした事態が起きた場合、情報の１号では今後の地震発生の危険性を評価する検討会が開催されたことを伝え、２号では平常時よりも大規模地震の発生の可能性が高まっていると考え

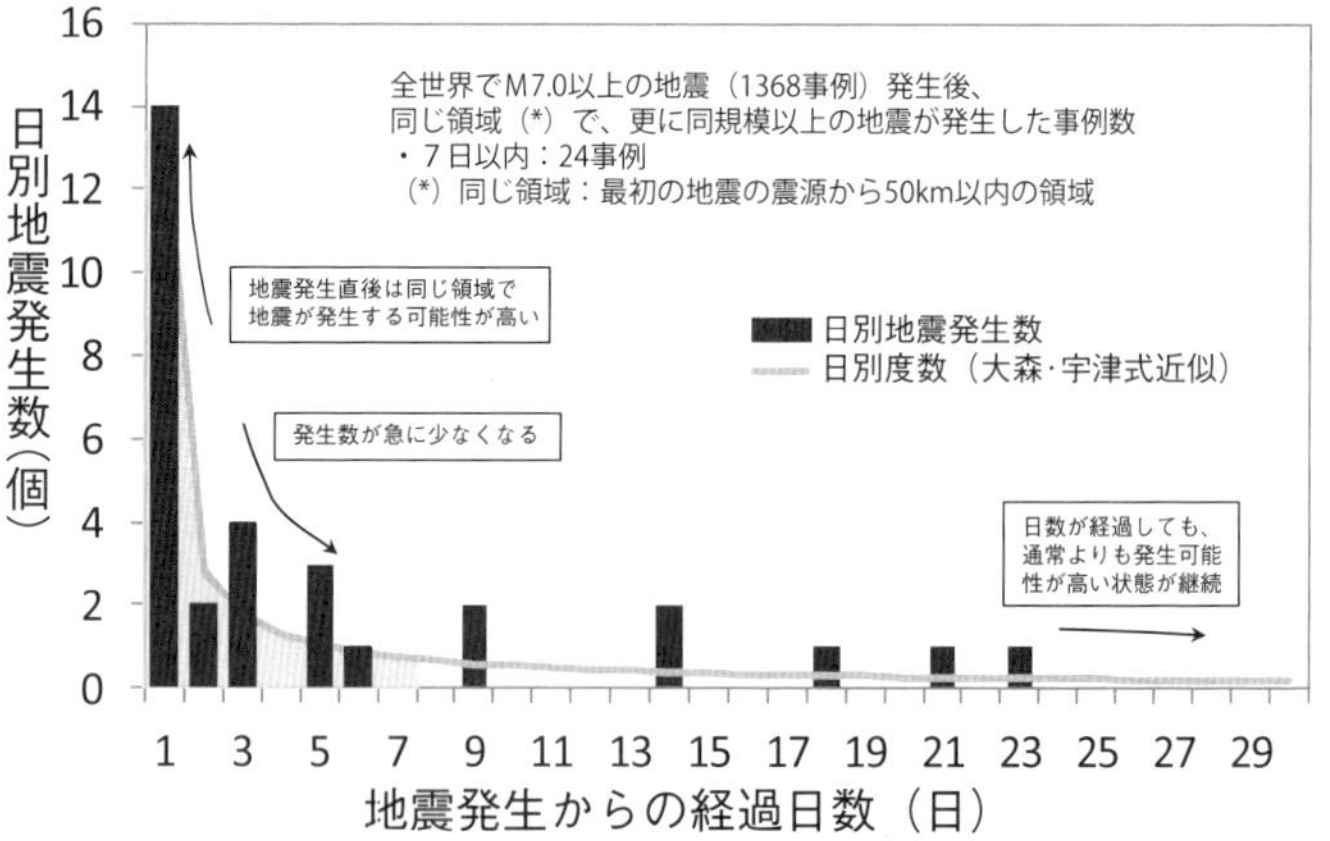

出典：ＩＳＣＧＥＭカタログ（1900年〜2013年）、ＵＳＧＳによる震源（2014年〜2016年６月）
※日別度数：大森・宇津式を用いて近似した関数を１日ごとに積算して求めた日別地震発生数

比較的規模の大きな地震後に同じ領域で更に同規模以上の地震が発生した事例
（「南海トラフ沿いの地震観測・評価に基づく防災対応のあり方について」報告書）

られるなどと検討の結果が伝えられるとしている。そして住民への防災上の留意に言及するとしているが、その内容については課題として残された。

3　それでも予知を目指した研究は進めて欲しい

地震活動を確実に見通して予知することができれば、被害を大幅に減らすことができる。今の地震学には困難であることはわかった上で、それでも将来の地震予知を目指した研究は諦めないで欲しいと思う。地震が予知できれば壊れそうな建物や土砂災害や津波の危険箇所から事前に避難することができるし、影響を最小限に抑えるために社会の動きを制御することもできる。

人類の夢ともいうべき地震予知に向けた研究を巡っては、世界各地で取り組みが行われ様々なニュースになってきた。

《米国の地震予知の実験とイタリアの裁判》

米国の西海岸には、カリフォルニア州を南北に貫いて1、000キロ以上の長さのサンアンドレス断層が走っている。この断層の周辺では、1989年10月にサフランシスコを襲ったロマプリータ地震や1994年1月にロサンゼルスが大きな被害を受けたノースリッジ地震など大きな地震が繰り返し起きてきた。

1990年代の初め頃、この一帯には約800台の地震計が設置され、断層の動きをきめ細かく監視して地震を予知しようという試みが行われていた。中でも特に地震の観測態勢が整備されたのがパークフィールドだった。パークフィールトはサンアンドレアス断層の真上にある人口30人あまりの小さな町で、たびたび地震に見舞われてきた。過去に起きたM6クラスの地震の波形がよく似ていたことから同じメカニズムの地震が起きると考えられていたうえに、ほぼ22年の周期で地震が発生していたことから予知が可能だと考えられ、その周期性から1993年頃までに次の地震が起きるとみられていた。

当時パークフィールドには7種類、60個の観測機器が設置されていた。たとえばクリープメーターと呼ばれる機器は断層を横切って張られたワイヤーが断層の微妙なズレを感知する仕組みだった。またレーザー光線を使って断層のわずかな動きをとらえる機器もあった。さらに地殻の伸び縮みを計測する歪計や地下水の水位を測る機器なども設置され、きめ細かい観測で地震発生前の前兆をとらえようとしていた。

これらのデータは通信衛星と電話回線で、パークフィールドから北に300キロほど離れたUSGS（アメリカ地質調査所）に送られて解析され、一定の基準を超える異常があると判断された場合は、州政府から地震警報が発表される仕組みだった。

1993年11月、地下水の異常や前兆とみられる地震が起きたことから地震警報が発表された。警報は3日以内に地震が発生するというものだったが地震は起きなかった。警報はその前の年の1992年にも発表されたが、2回とも地震は起きなかった。

2012年10月、イタリアでは裁判所が地震の発生前に「安全宣言」を出したとして、地震研究者など7人に「禁固6年の刑」を言い渡した。

判決の3年前の2009年の1月から3月にかけて、イタリア中部のラクイラ周辺で微小な地震が頻発し、住民は大きな地震の前兆ではないかと不安を募らせ、アパートの部屋から出て車で生活する人などが出ていた。そこでイタリア政府は3月31日に地震研究者などを集めて「対策委員会」を開き、「大きな地震が起きる可能性は低い」という安全宣言とも受け止められる情報を流した。

しかしその6日後の4月6日にM6・3の地震が起き、300人余りの犠牲者がでた。検察側は「地震の予知ができなかった責任を問うのではなく、状況の分析と情報の伝達が慎重に行われなかったことが過失にあたる」と主張したのに対し、被告側は「あくまでも可能性を示しただけだ」と無罪を主張した。

裁判は住民側に配慮したものとなったが、裁判の結果は「地震予知失敗で刑事責任」とセンセーショナルに世界に伝えられ、世界の地震研究者などに波紋を広げた。

地球物理学の世界最大の学会とされるAGU（米国地球物理学連合）は地震研究者などが起訴された際、「科学者や行政担当者が地震のリスクを伝えて起訴されると、政府に対する助言や提言ができなくなる恐れがある」などと声明を発表した。また日本地震学会も「研究者は自由にものが言えなくなるか、（中略）防災行政に関与することを避けざるを得なくなる恐れもある」と会長声明をだした。

《科学の進歩が可能にした緊急地震速報》

長く地震や防災の取材をしてきたが、２００７年（平成19年）10月に緊急地震速報が実用化されたときの驚きは忘れない。

台風や風水害は衛星など様々な観測と解析によって雨や風の動きを予測して、災害の危険が迫った地域に事前に情報を伝えて防災行動を促す取り組みが加速している。しかし突然発生する地震については、発生前に備えを呼びかける情報と発生後に災害の被害と救援や復旧状況を伝える情報、つまり事前と事後の情報しかないと思っていた。ところが緊急地震速報は数秒から10数秒の余裕しかないとはいうものの、地震の揺れが襲ってくる直前に情報が伝えられる。

緊急地震速報は地震が発生した際に出る二つの波の性質の違いを生かして発表される。地震が起きると、まずP波と呼ばれる秒速7キロメートルほどの小さな揺れをもたらす波が伝わる。その後に秒速4キロメートルほどのS波と呼ばれる波が伝わり、大きな揺れで被害を出す。そこで地震発生後になるべく早くP波を捉え、S波が来る前に情報を出して備えてもらおうというものだ。

緊急地震速報につながる最初のアイデアは、明治維新の年にあたる１８６８年（明治元年）

に米国で示された。地震の小さな揺れの後に大きな揺れが襲ってくることに着目し、震源での揺れを電信で伝えるというものだった。日本でも１９７２年（昭和47年）に海底地震計で地震を捉え、沿岸の都市が揺れる前に情報を伝える「10秒前大地震警報システム」が提案された。さらに１９９４年（平成６年）、気象庁の審議会が「即時的な情報の提供、及び活用のあり方について検討する必要がある」との答申を出した。

実用化に向けていち早く動きだしたのは旧国鉄、ＪＲで、１９６４年（昭和39年）に東海道新幹線が開業したことがきっかけだった。時速２００キロ以上の速さで東海地震の危険地域を走る新幹線の安全を確保するために、地震の大きな揺れが来る前に少しでも速度を落とすことを目指した。そして１９９２年（平成4年）の「のぞみ」の導入に合わせて、「ユレダス」と呼ばれる早期警戒システムが動き始めた。

こうして緊急地震速報は米国の最初の提案から１４０年、日本の提案からでも30年以上かかって実用化がはかられた。緊急地震速報は科学の進歩が可能にした情報なのだ。

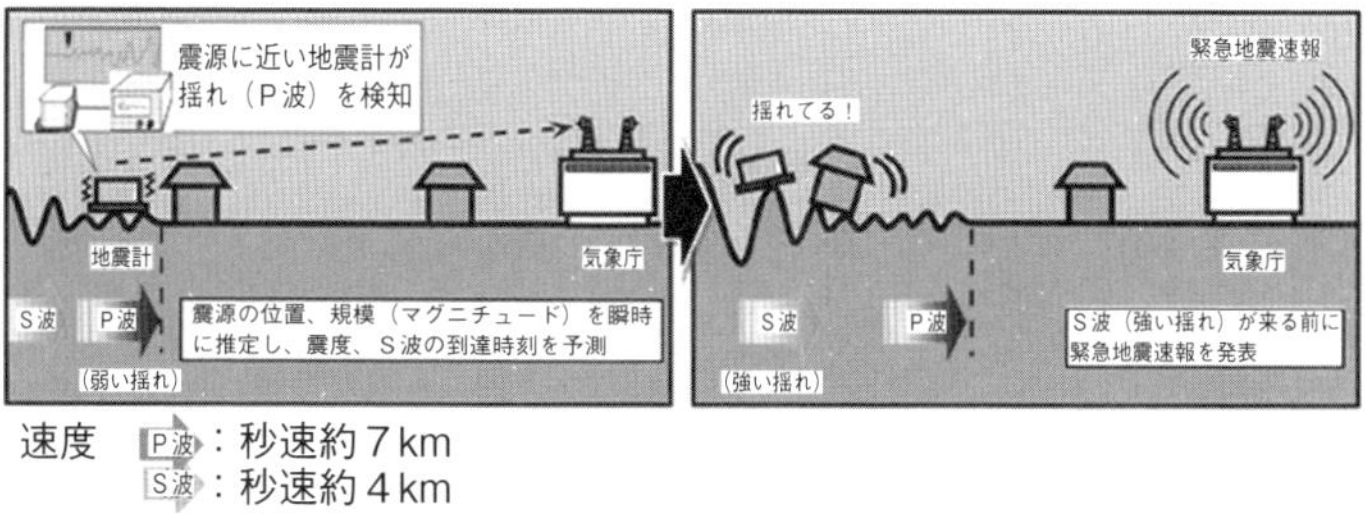

緊急地震速報の仕組み（気象庁）

《観測が明らかにしてきたこと》

２０１７年（平成29年）11月、阪神・淡路大震災以降、陸と海で整備が進められてきた地震、津波、火山の観測網が統合されて運用が始まった。世界でも類をみない高密度の観測網を、防災科学技術研究所は公募によって「ＭＯＷＬＡＳ（モウラス）」と名づけた。「陸海統合地震津波火山観測網・Monitoring of Waves on Land and Seafloor」の頭文字をとったもので、観測機器の「網羅」という意味合いがこめられている。

地震計などの観測機器が設置されはじめたのは明治に入ってからのことだが、１９２３年（大正12年）の関東大震災の頃にはまだわずかしかなく震源や地震の規模などを十分に解明することができなかった。その後徐々に観測体制を整えてきたが、大きな転機は１９９５年（平成7年）の阪神・淡路大震災だった。予想もしていなかった都市直下の地震の大きな被害を目の当たりにして、政府は同じ年に「地震防災対策特別措置法」を施行し、国を挙げて地震の研究を進めるために「地震調査研究推進本部」を作った。それまで気象庁や大学などが別々に観測機器を設置していたデータの一元化をはかるとともに、観測網を充実させることにして防災科学技術研究所が基盤整備を担うことになった。

その後、整備された陸の観測網は主に三つで、一つは人が感じることができないほどの微小な揺れを観測できる「高感度地震観測網・Hi-net」で全国に約８００か所、二つめは従来の観測機器では振り切れてしまう強い揺れを観測できる「強震観測網・K-NET」で約1、000か所、三つめが長周期の被害をもたらすゆっくりとした揺れを観測できる「広帯域地震観測網・F-net」で約70か所に整備された。また16の火山を対象にした火山観測網（V-net）を合わせて約1、900か所以上の陸の観測網が作られた。

次の転機は2011年（平成23年）3月で、想定もしていなかった東日本大震災の発生を受けて、それまで手薄だった海の観測網の整備が本

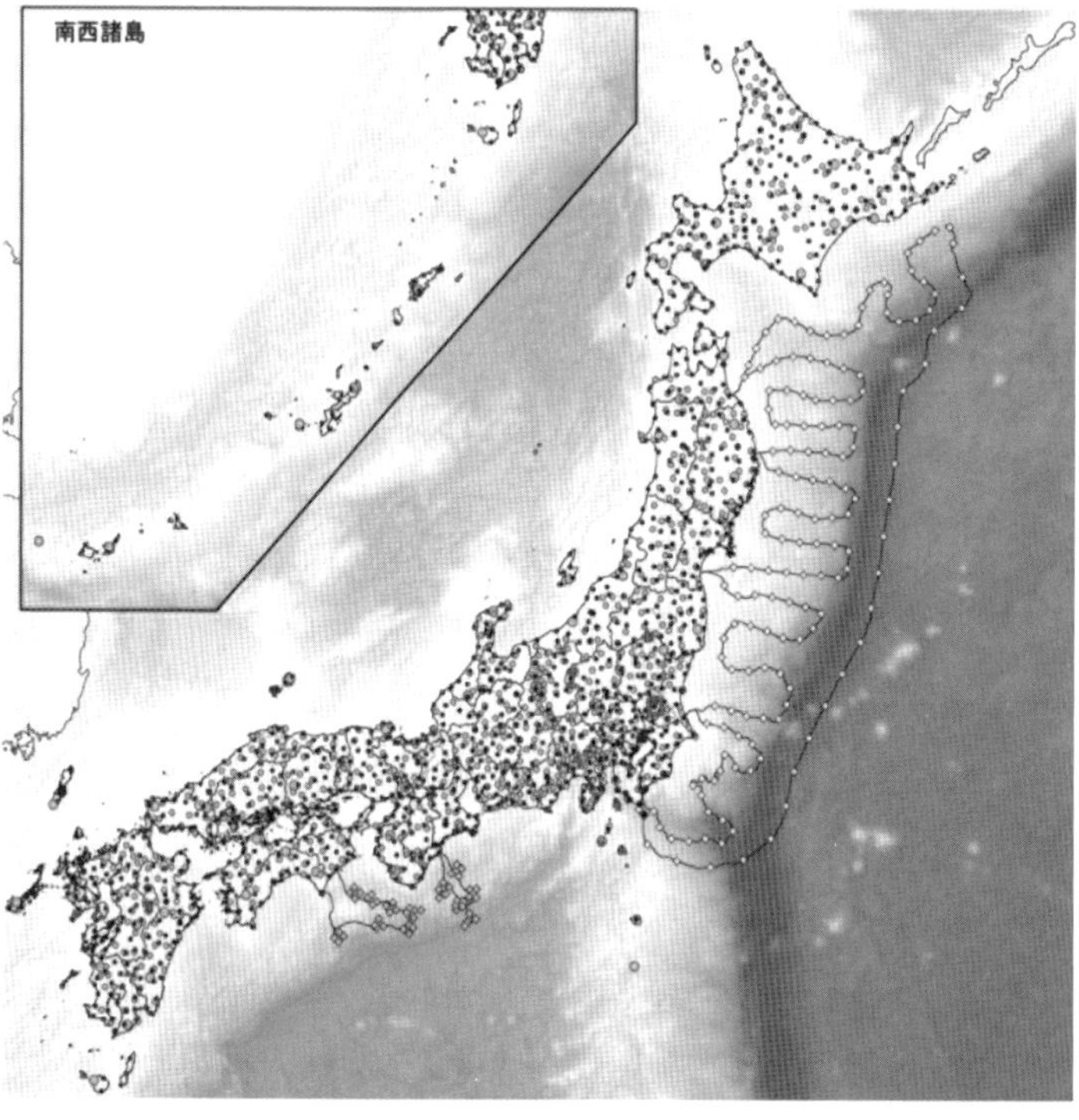

陸海統合地震津波火山観測網「MOWLAS」（防災科学技術研究所）

格化した。日本で最も多く地震が発生している場所である北海道沖から房総半島沖までの海底に全長約5、500キロの光ケーブルを敷設し、そこに150か所の観測点を作って、地震計と津波を検知できる水圧計を設置してデータを伝送する、世界最大規模の「日本海溝海底地震津波観測網・S-net」が作られた。海上に浮かべるかたちのGPS津波計は沿岸から20キロから30キロほど離れたところまでしか置けないが、S-netは沖合い300キロほどの深さ6、000メートルの海底にまで設置されている。これに南海トラフの海域に整備された「地震・津波観測監視システム・DONET」を加えて、約200か所の海の観測網ができあがった。

防災科学技術研究所が統合した陸と海の観測網に加えて、気象庁や大学などが整備した地震計や津波計などを合わせると、日本には陸地で約4、400か所、海で約200か所の観測機器がある。

これらのデータによって、地震の揺れが来る少し前に大きな揺れが来ることを教えてくれる緊急地震速報を、今までよりも早く出すことが可能だ。2016年(平成28年)8月20日に三陸沖でM6・4の地震が起きた際、海に設置された地震計は陸の地震計よりも22秒早く地震の動きを捉えた。またいち早く沖合いで津波の発生を捉えることができるようになり、津波情報を30分ほど早く出すことができるという。

さらにJRの新幹線もこれらのデータを使うと、海で大きな地震が起きた際には、最大で20秒ほど早く緊急停止させることが可能になるとしている。また高層ビルなど大きな建物や施設に長時間、大きな揺れをもたらす長周期地震動がどの程度襲ってくるかを予測しようという取り組みや津波がいつ頃、陸の奥のどこまで到達する恐れがあるかを数分以内に予測して避難に役立てようという研究も進められている。

海の観測網が加わったことで地震の解析が進み、２０１７年（平成29年）９月に東日本から北日本で起きた地震の回数は、陸の観測網だけで検知した場合６、４３７個だったのに対して、陸と海の観測網を合わせると８、１９４個になった。

地震研究のためには震源の直上での観測が欠かせないといわれるが、地震がどこでどのくらい起きているかが詳細にわかることで地震のメカニズムの研究に役立つものと期待される。かつてのような地震の前兆探しではなく、地震のメカニズムを解明するという地道な研究の先の目標として、地震予知は目指して欲しいと思う。

4　この国の危機管理の力量が問われている

《課題は自治体と住民の防災対応》

問題は「地震発生の可能性が高まっている」という情報を、今後自治体や住民がどう防災に生かしていくかだ。現在の科学は地震の発生を予知できないとして数字やデータで可能性を示そうとしているが、たとえば市町村が住民の避難を考える場合、防災対応は「やるかやらないか」、つまりは「１か０」での判断になる。グラデーションのついた防災対応というのはあり得ないし、様子をみながら住民が避難を判断するという対応も無責任だ。

内閣府は「家具の固定など日頃の備えを再確認して欲しい」といった内容の呼びかけにとどまるとし、気象庁も「防災上の留意事項」の具体的な内容は示していない。

これに対して自治体からは戸惑いの声が上がっている。長年にわたって「予知」を前提にした防災体制を積み上げてきた静岡県など東海地震の強化地域はなおさらだ。これまでは3日後に東海地震が起きるという想定で、住民の避難や企業活動などが決められていた。第1段階の情報で自治体は態勢をとり、第2段階の注意情報で津波の危険地域の高齢者などを避難させ、学校では児童や生徒を保護者に引渡し、第3段階の「2～3日以内に大地震が発生する」という警戒宣言で交通機関や高速道路を止めるなど大がかりな対応をとって被害を防ぐ計画だった。

ところが新しい情報は「巨大地震が起きる可能性が、いつもより高まっている」といった相対的な評価の情報で、地震が確実に起きることを示す情報ではない。つまりはあいまいな情報をどう防災に生かしていくかは社会に委ねられたかたちだ。

南海トラフ地震の推進地域は29の都府県の707市町村に及んでいる。情報が出た際に沿岸の住民に避難を呼びかけるのか、避難を呼びかけた後、2、3日経っても地震が起きなかった場合に避難の解除をどうするのかなど、自治体はこれまで経験したことのない難しい判断を求められることになる。また住民も情報のあいまいさに不安を抱きながら日常生活をおくらなくてはいけない。

気象庁が発表する「東海地震に関連する情報」

<table>
<tr><th colspan="2">情報名</th><th>主な防災対応等</th></tr>
<tr><td colspan="2">東海地震予知情報
東海地震が発生するおそれがあると認められ、「警戒宣言」が発せられた場合に発表される情報
（カラーレベル 赤）</td><td>「警戒宣言」に伴って発表

●警戒宣言が発せられると
○地震災害警戒本部が設置されます
○津波や崖崩れの危険地域からの住民避難や交通規制の実施、百貨店等の営業中止などの対策が実施されます
住民の方は、テレビ・ラジオ等の情報に注意し、東海地震の発生に十分警戒して、「警戒宣言」および自治体等の防災計画に従って行動してください</td></tr>
<tr><td colspan="2">東海地震注意情報
現象である可能性が高まった場合に発表される情報
（カラーレベル 黄）</td><td>東海地震の前兆現象である可能性が高まった場合に発表
●東海地震に対処するため、以下のような防災の「準備行動」がとられます
○必要に応じ、児童・生徒の帰宅等の安全確保対策が行われます
○救助部隊、救急部隊、消火部隊、医療関係者等の派遣準備が行われます

住民の方は、テレビ・ラジオ等の情報に注意し、政府や自治体などからの呼びかけや、自治体等の防災計画に従って行動してください</td></tr>
<tr><td rowspan="2">東海地震に関連する調査情報
東海地震に関連する現象について調査が行われた場合に発表される情報
（カラーレベル 青）</td><td>臨時</td><td>観測データに通常とは異なる変化が観測された場合、その変化の原因についての調査の状況を発表
●防災対応は特にありません
●国や自治体等では情報収集連絡体制がとられます
住民の方は、テレビ・ラジオ等の最新の情報に注意して、平常通りお過ごしください</td></tr>
<tr><td>定例</td><td>毎月の定例の判定会で評価した調査結果を発表
●防災対応は特にありません
日頃から、東海地震への備えをしておくことが大切です</td></tr>
</table>

各情報発表後、東海地震発生のおそれがなくなったと判断された場合は、その旨が各情報で発表されます

《あいまいな情報を生かすために》

確度の高い地震の予知はできないものの、科学の進展に伴って南海トラフ沿いで観測される様々な現象をどう評価し、どのような防災対応に結びつけていくことが適切なのかという難しい課題に、社会はどう向き合っていけばいいのか。つまりは等身大の科学をどう防災に生かしていけばいいのか。

この問題を考える上での手がかりとなる調査結果がある。静岡新聞社が2017年（平成29年）5月に県内の住民400人余りにアンケート調査をした。その中で、次のような状態になった場合、安全な場所に避難するかと聞いている。イメージする状況は「あなたの居住地域ではない側の地域（南海地震のエリア）で大地震が発生し、震源に近い地域で揺れや津波により多くの死者・行方不明者・家屋倒壊が発生しています。自衛隊や警察、消防が人命救出活動を行っています。このような東日本大震災における東北地方の被災状況と同様の状況が、テレビ等を通じて刻々と報道されています。しかし、あなたの居住地では被害は発生しておらず、電気、水道等も問題なく使えています。会社や学校、商店などは通常どおり運営されています」というものだ。その結果は、「自宅にとどまる」が81％で、「自宅以外の安全な場所に避難する」は19％だった。

また静岡新聞は同じ時期に静岡県の市町村長と南海トラフ地震で大きな被害が予想される高知県の市町村長にもアンケート調査をしていて、「地震が発生してからでは避難が間に合わない津波到達時間が短い地域や土砂災害のおそれがある地域の住民全員に避難勧告するとした場合、どの程度の期間、避難勧告を発令することが適当と考えるか」と聞いたところ、静岡県の市町村長は3日程度と1週間程度がともに30％を超え、高知県の市町村長では3日程度が30％、1週間程度は20％という結果になった。高知県の市町村長の中には1か月以上という人が10％あったほか、避難勧告は発令しないという答えも静岡県で10数％、高知県では20％あった。

　さらに「今後、南海トラフで巨大地震の発生する可能性が高まったと考えられる現象が発生した場

［問］あなたや家族が自宅にいて、下記の状態になった場合、安全な場所に避難しますか。

＜次の状況をイメージしてください＞

　あなたの居住地域ではない側の地域（南海地震のエリア）で大地震が発生し、震源に近い地域では揺れや津波により多くの死者・行方不明者・家屋被害が発生しています。自衛隊や警察、消防が人命救出活動を行っています。鉄道や高速道路なども損壊したため、運休や通行止めとなっています。このような東日本大震災における東北地方の被災状況と同様の状況が、テレビ等を通じて刻々と報道されています。しかし、あなたの居住地では被害は発生しておらず、電気・水道等も問題なく使えています。会社や学校、商店などは通常どおり運営されています。

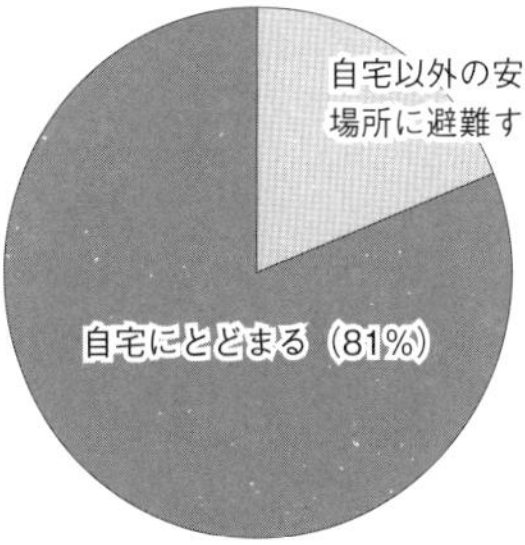

静岡新聞社　住民アンケート
（中央防災会議「南海トラフ沿いの地震観測・評価に基づく防災対応のあり方について」（報告）から）

合、『警戒宣言』のような防災対応を一斉に開始できるような仕組みが必要か」と聞いたところ、90％の市町村長が必要だと答えた。

政府は今後東海地震対策を集中的に進めてきた静岡県と南海トラフ地震で大きな被害が予想される高知県などを「モデル地区」に指定して、新たな情報が出た場合、どのような対応がとれるのかを検討し、南海トラフ全体の新たな防災対策のガイドラインをまとめることにしている。

この難しい取り組みを進めていくために、まず必要なことは全国の自治体はむろんのこと、学校や病院、ライフラインや流通などの多くの企業や事業所、それに地域社会や一人ひとりの住民に、新しくなった防災の考え方を正しく理解してもらうことだ。地震発生の可能性が高まった際のリスクを共有し、空振りしたときの社会的な合意が得られるようにしなくてはいけない。そのためにはメディアの役割も重要だ。

《重要なメディアの役割》

かつて難しい防災情報を気象庁などの防災機関とメディアが協力して導入につなげたことがあった。２００７年（平成19年）に緊急地震速報の発表が始まった際のことだ。緊急地震速報は、地震の大きな揺れが来る前に「まもなく大きな揺れがきます」と教える情報だ。地震の研究者や防災関係者にとって長年の夢だった地震の警報ともいうべき画期的な情報だが、この情

[問] 地震が発生してからでは避難が間に合わない津波到達時間が短い地域や土砂災害のおそれがある地域の住民全員に避難勧告するとした場合、どの程度の期間、避難勧告を発令することが適当だとお考えですか（ケース１をイメージしてお答えください）

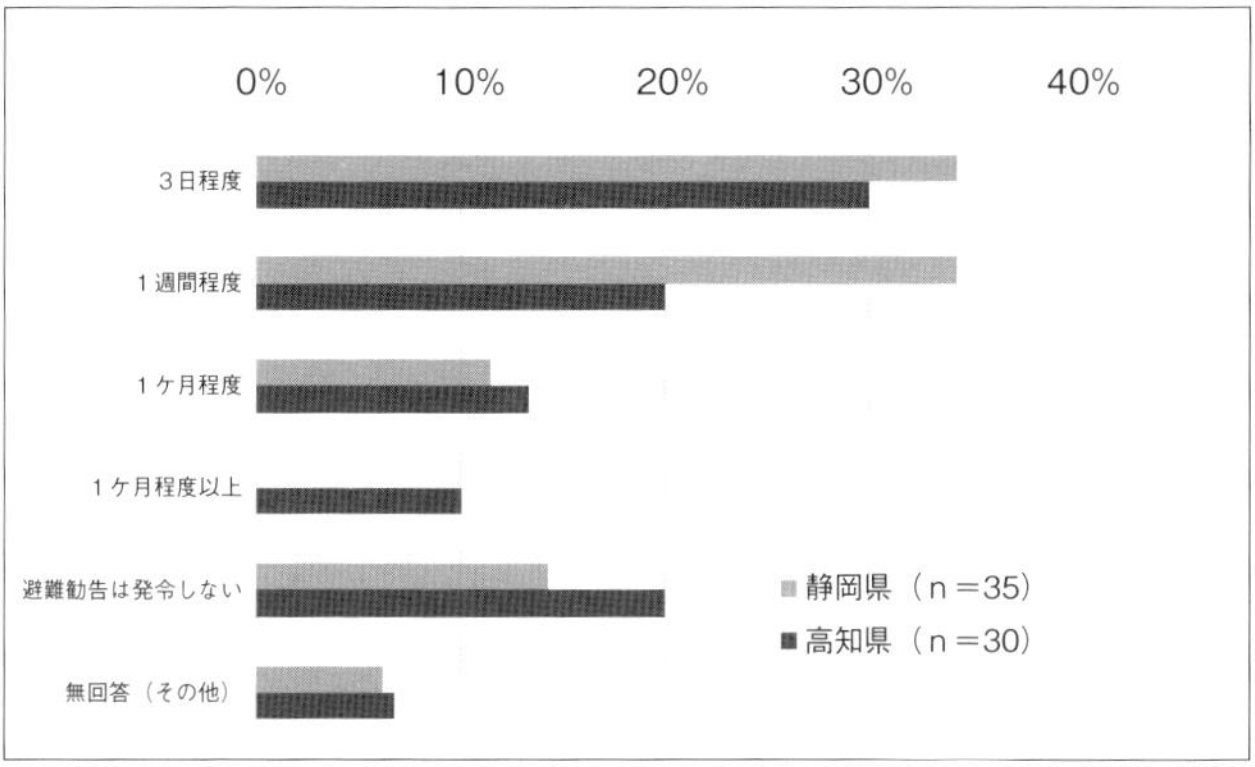

[問] 南海トラフでは、ケース１～４のような現象が発生することが想定されますが、それを受けた対応を行うにあたって、現在の大震法の警戒宣言のような仕組み（※）は必要でしょうか。

（※）地方公共団体・民間事業者等は、予め警戒宣言が発せられたときの対応を中央防災会議が定める基本計画に基づいて計画として定める。気象庁長官の地震予知情報を受けて、内閣総理大臣から警戒宣言が発せられた場合は、地方公共団体・民間事業者等は、自らが予め定めておいた計画を一斉に実施する。

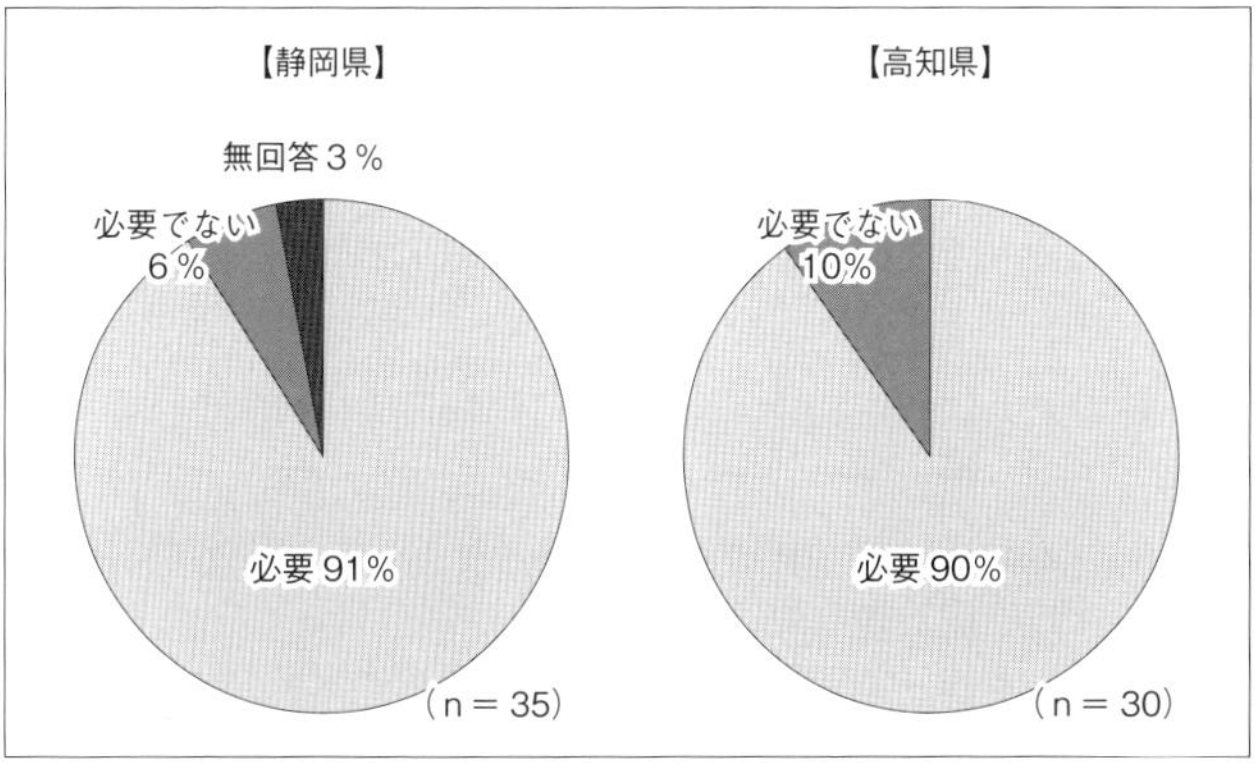

静岡新聞社　静岡県・高知県首長アンケート
（中央防災会議「南海トラフ沿いの地震観測・評価に基づく防災対応のあり方について」（報告）から）

報を使いこなすためには情報への理解とどう利用したらいいかの知識の普及が不可欠だった。

当時懸念されたことは、たとえばラッシュ時の駅や混雑したイベント会場などで、緊急地震速報を一部の人が知り、大慌てで避難しようとしたり、大声を上げたりしたら混乱が広がりかねないというものだった。また高速道路を連なって走っている車の中に、緊急地震速報を聞いて急ブレーキを踏んだりする車があると大きな事故につながりかねないという心配もあった。

しかし科学の進歩がもたらした新しい情報はきっと防災に生かせるはずだと、気象庁や内閣府などの防災機関とメディアが導入に向けた検討を重ね、緊急地震速報の仕組みや特徴、情報としての限界、さらにはこれを聞いたら落ち着いて身の安全をはかることが大切だと周知を続けた。緊急地震速報の限界は震源の近くで、最も揺れが激しいところはP波とS波がほぼ同時に伝わるために情報が間に合わないことだ。また揺れの前に情報がくるといっても、余裕は数秒から10数秒しかないことも知っておいてもらわなくてはいけない特徴だ。その上で情報を聞いたら、身の回りを確かめて落ちてきそうな物や倒れてきそうな物から離れて身を守ることが必要で、どこにいても安全を確保できるようにするためには、多くの建物の耐震化を進める社会の取り組みが重要だということも伝えた。こうした周知を半年にわたって続け、2007年（平成19年）10月から一般に発表されるようになった。

導入から4年が過ぎた2011年（平成23年）の10月、気象庁が緊急地震速報の利活用状況を全国の約5、500人に調査したところ、「緊急地震速報が予測情報で、地震情報とは異なる」

ことを理解していた人は77・3％いた。また「見聞きして強い揺れが来ると思った」人は44・7％あって、「揺れが来るかどうかわからないと思った」人は19・9％の2倍以上だった。さらに「速報を見聞きした後に何らかの行動をとった経験がある」人は71・6％に達し、行動の内容をみると「屋内では危険回避行動」の割合が最も高く、自宅では30％程度、職場でも40％程度いた。そして緊急地震速報が「役に立っている」と「どちらかといえば役に立っている」と答えた人を合わせると、全体の65・3％が役に立っていると答えた。多くの人が緊急地震速報の特徴を理解し、利用の仕方を心得ているとみることができる。

緊急地震速報の経緯をみると、新しい難しい情報でも、多くの人が情報の中身を正しく理解し、それをどう使えばいいかがわかれば、情報は社会の中で育っていくといっていいように思える。

つまりは南海トラフの新しい情報についても、情報を出す側がどのような情報なのかを丁寧に説明し、情報を受けたときにどう受け止めればいいかを周知し、それをメディアが噛み砕きながら繰り返し伝えることが必要だ。そのうえで情報が出たときにどう行動すればいいかを、一人ひとりの住民があらかじめ考えておく必要がある。事前に高台の避難場所を確認し、強い揺れが来たらすぐに避難するといった自らの備えをこれまで以上に進めておくことが重要だ。と同時に情報に頼り過ぎない社会の心構えも大切で、地震の研究者は何の情報も出ないままに巨大地震が起きることもありうるとしているからだ。

　こうして南海トラフの新しい情報を生かすことができるかどうかは、自らの判断で自主的に防災対応がとれる自治体や企業、地域社会や住民を作れるかどうかにかかっている。情報を発信する側である気象庁や内閣府などの防災機関、それに地震や防災の専門家による情報の中身の検討と周知、情報を受ける自治体の自立と企業や住民の主体的な判断、そして情報を伝えるメディアの力量、つまりはこの国全体の危機管理の能力が問われているといっていいと思う。

（参考・「地震予知情報と報道～東海地震グレー情報を考える～」平塚千尋・ＮＨＫ放送文化研究所・平成11年10月）

第４章　南海トラフ地震と首都直下地震に備える

　このところ大きな地震災害が相次いでいる。１９９５年（平成７年）の阪神・淡路大震災、２００４年（平成16年）の新潟県中越地震、２０１１年（平成23年）の東日本大震災、そして２０１６年（平成28年）の熊本地震。地震活動は活発な時期と比較的静穏な時期があるが、多くの専門家が日本は今地震の活動期に入っているとみている。中でも心配されるのが南海トラフの地震と首都直下地震だ。２０１８年（平成30年）２月、政府の地震調査委員会は、今後30年以内に南海トラフの巨大地震が発生する確率が「70％から80％」になったと発表した。地震調査委員会は毎年１月１日の時点で、各地で想定される地震の発生確率を計算して発表している。南海トラフでは過去繰り返しＭ８クラスの巨大地震が発生していて、最後に起きたのは１９４６年（昭和21年）の昭和南海地震（Ｍ８・０）だった。この地震から70年が経過したことなどから、それまでの「70％程度」より高くなって「70％から80％」に見直した。

　また首都直下地震については、２０１４年（平成26年）４

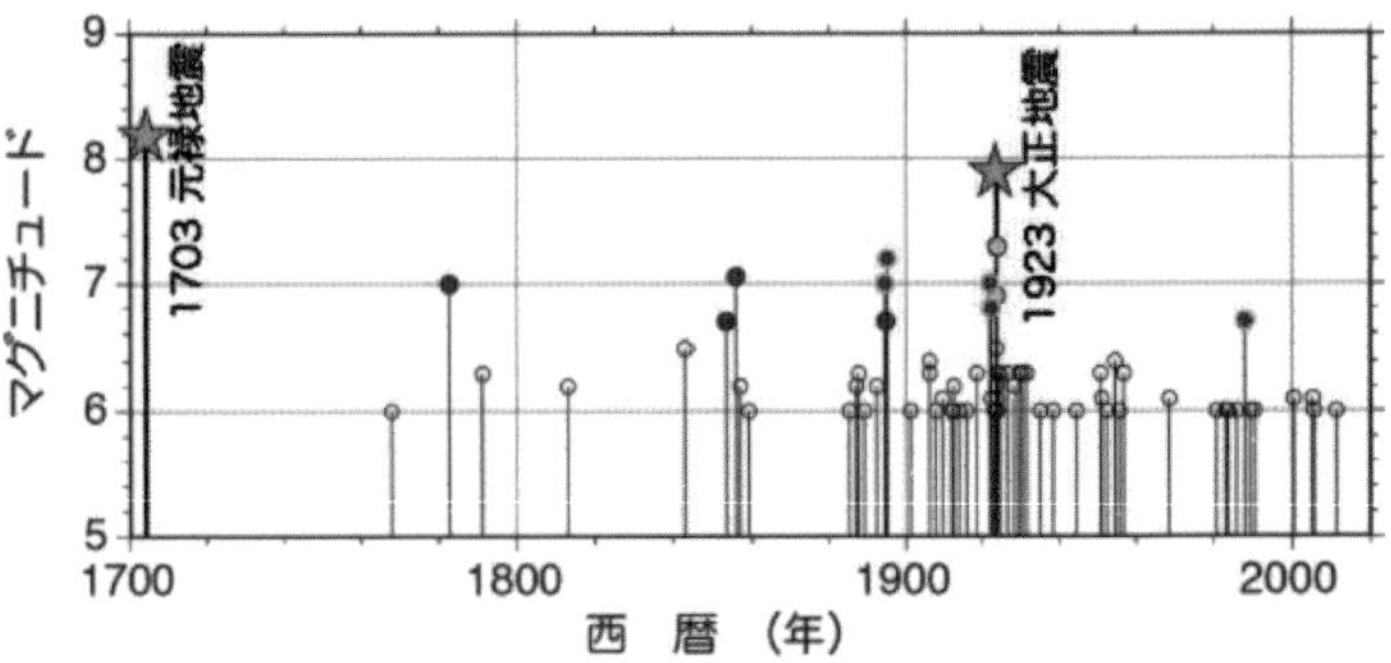

首都圏に被害を与えた大地震（地震調査研究本部）

月に最新の研究を踏まえて相模トラフ沿いの地震の評価を見直し、今後30年以内にM７クラスの直下型地震が起きる確率は「70％程度」だとしている。

いずれも高い確率で、地震への備えを急がなくてはいけない。

1　南海トラフ地震に立ち向かう

《南海トラフ地震と発生確率》

東日本大震災の後の２０１２年（平成24年）８月、政府の中央防災会議がまとめた南海トラフ地震の被害想定の震源域は駿河湾の周辺から九州の沖合まで広がっている。地震の揺れは、震度7が静岡、愛知、三重、兵庫、和歌山、徳島、香川、愛媛、高知、宮崎の10県の１５１市町村にのぼり、津波は市町村毎の平均の高さで10メートル以上が５都県の21市町村に広がっている。最悪の場合32万3、０００人の死者がでて、建物の倒壊及び消失棟数は２３８万6、０００棟にのぼり、避難者の数は、地震発生から1週間で最大９５０万人に達するなど影響が長期化し、被害額は、経済活動への影響まで含めると約２２０兆円にのぼる恐れがあるとしている。

この地震について、政府の地震調査委員会は「少なくとも最近2、０００年間は起きておらず、その再来周期は数千年以上であると推定される」と述べ、従来の手法で今後の発生確率を示すことができないとしている。しかしその一方で「次に起こる地震が最大規模である可能性はゼロではない」とも言っている。

社会が災害に備えるためにはある程度の目標を決める必要があるが、1、000年に一度といわれた東日本大震災が提起したのは、発生確率が低い、低頻度の地震にどう立ち向かうかという問題だ。

《巨大津波への一つの挑戦》

この問題を考えるにあたって一つの自治体の動きが参考になる。それは南海トラフ地震の被害想定で、それまでの想定の2倍以上の34・4メートルという最大の高さの津波が襲ってくるとされた高知県黒潮町だ。

3階のベランダから高台への階段がついた黒潮町立伊田小学校

黒潮町は高知県の南西部に位置する人口約1万2、500人の町で、過去の地震で4メートルから9メートルの津波の被害を受けているが、34・4メートルという被害想定は住民や町の職員を驚かせ、衝撃を与えた。これほど高い津波が来るなら、避難してもとても逃げ切れないとして避難を諦めてしまう「避難放棄者」や災害が起きる前に町を出て行った方がいいと考える「震災前過疎」につながる兆候がで始めたのだ。

事態を抑えるためには行政が積極的に対応に乗り出す必要があるとして、黒潮町は防災対策を緊急、かつ最優先の課題に位置づけ、すぐに出来る対策と中長期的に取り組む課題を整理した。すぐに手をつけたのは地区や学校の津波の避難場所や避難路の見直しや整備だった。ある小学校は建物の3階のベランダから、そのまま高台に逃げられるように階段が作られた。また別の小学校では、学校の敷地から裏山につながる避難路が整備された。

また中長期的な対策として、津波で大きな被害を受ける場所にある消防署の移転を決めた。東日本大震災の被害をみて、災害が起きた後に防災機関が十分に活動できるようにしておくことが重要だとわかったからだ。今後、時間をかけて役所も移転させ、住宅などの移転も誘導し、津波に強い町づくりを進めていきたいとしている。

さらに町の職員に対して、「対策の立てようがない津波だ」とか「この津波が襲ってきたら、生活できる町ではなくなってしまう」などといった消極的な発言をすることを禁じた。それによって、町役場の浮わついた感じがなくなったという。その上で「職員の地域担当制」をとった。防災部門だけでなく185人の職員全員が、61ある集落の防災担当になり、住民と一緒になって、防災や避難の課題を洗い出し、対策を話し合うワークショップを繰り返した。

ある地区のワークショップを取材したが、農業振興課の職員と保育士が担当になっていた。午後7時から地区の15人ほどが集まって、住宅の耐震化や家具の補強をどう進めるか、津波の避難態勢をどう作るかなどを話し合っていた。

こうしたワークショップが2013年（平成25年）8月までの1年間に400回も開かれ、人口を上回る延べ1万5、000人近い住民が参加した。

さらに浸水の危険性が高い40の集落で、避難のときに何が必要かをより具体的に話し合うために、集落を283班にわけ、「世帯別避難カルテ（世帯別津波避難行動記入シート）」作りに乗り出した。カルテには一軒一軒の家族構成やそれぞれの避難場所、家族の中に避難の際に支援が必要な人がいるかどうか、どうやって避難するかが細かく書き込まれた。

こうした情報をもとに、黒潮町は津波が来た際にどの避難ルートが混みやすいかなどの情報をまとめて住民に返した。またこのカルテはできるだけ班員同士が話し合っ

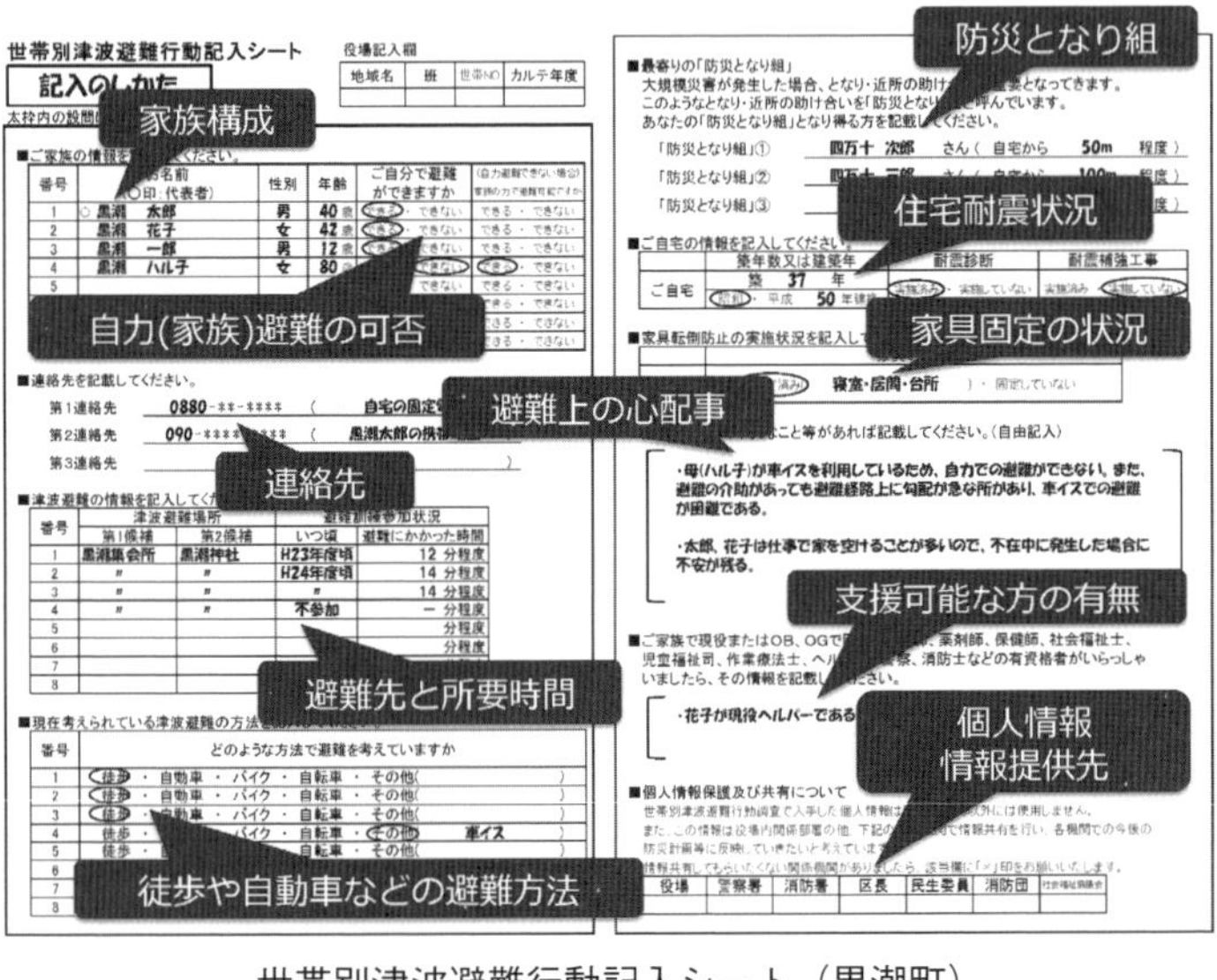

世帯別津波避難行動記入シート（黒潮町）

て作ってもらい、近所の人たちが情報を共有できるようにもなっている。住民に話を聞くと「カルテを作るために家族や近所のことを考えるようになり、つながりができたと思う」と話していた。こうした取り組みによって住民の意識は大きく変わり、南海トラフ地震対策に消極的な発言をする人はほとんどいなくなったと防災担当者は話していた。

《みえてきた視点》

黒潮町の取り組みは、頻度の低い災害に備えるだけでなく、もっと頻繁に襲ってくる地震や津波への対策にもつながっている。そしてその延長線上に頻度の低い南海トラフ地震対策がある。ポイントを三つ指摘しておきたい。

①一つは、可能な範囲で現在より少しでも安全度を高めることだ。被害想定の大きな津波の高さに対して、一気に対策を完了させるのは財政的にも、時間的にも難しい面がある。そこで黒潮町は「決して諦めない」を合い言葉に、今より少しでも良くなる対策を積み上げていくことにした。

②二つめは、長い目でみて津波に強い町づくりを進めることだ。黒潮町の高齢化率は、全国平均を大きく上回る37%だった。自力での避難が難しい人が今後さらに増えていくことを踏まえて、土地利用の仕方と暮らし方を見直していくことにしている。これまでの防災対策は1、2年からせいぜい数年の成果を求めてきたが、発生確率が1、000年に1回以下の地震に備

えるためには、100年程度の長期的な視点で町づくりを考える必要がある。

③三つめは、地域のコミュニティの再構築だ。黒潮町でもかつてに比べて地域のつながりは薄れて、東日本大震災が発生する前の防災訓練には、あまり人が集まらなかったという。しかし地区ごとにワークショップをし、世帯ごとの避難カルテを作るようになって、隣近所の世帯の状況や地区が抱える問題に関心を持つ人が多くなった。またこれまでの取り組みを通して、町の職員と住民、それに住民同士の信頼感が強まった。大西勝也町長は、「日常の人間関係ができていなければ、災害が起きた際の非日常の事態には備えられないことを痛感した」と話していた。

《防災が町の活性化につながる》

2017年（平成29年）11月、黒潮町は、防災や減災活動で功績を挙げた個人や団体に贈られる「浜口梧陵国際賞」を受賞した。この賞は、津波防災の日である11月5日が、2015年（平成27年）12月の国連総会で「世界津波の日」に制定されたことを受けて設けられた。授賞は行政と住民が一緒になって津波対策に取り組んでいることが高く評価されたもので、この賞を自治体が受賞するのは初めてのことだった。

また黒潮町は日本一の津波の被害想定を逆手にとって「34M」というロゴをつけた缶詰作りに乗り出した。地元で水揚げされる魚などを使って災害時の非常食になる缶詰の製造販売をはじめたもので、この取り組みで平成28年度の高知県地場産業奨励賞を受賞した。

これらの受賞からみえることは、町のすべての職員が地域に入って住民と話し合いを続けたことで、防災の効果が高まっただけでなく、町の活性化がはかられたということだ。考えてみると、防災訓練に人が集まる地域は祭りも賑やかだし、地域の催しにも人が集まる。つまりは地域に関心のある人たちを育てることは、地域に関わるすべてのことに取り組んでいける力を育むことになるのだ。

《防災教育が地域を救う》

黒潮町が受賞した「浜口梧陵国際賞」の名称は現在の和歌山県広川町、当時の広村に生まれた浜口儀兵衛、号を梧陵にちなんでつけられた。

1854年12月24日夕方4時頃（安政元年11月5日）、紀伊半島の潮岬の沖合を震源にマグニチュード8・4の安政の南海地震が起きた。激しい揺れと大津波で数千人の犠牲者が出たといわれ、広村でも現在の震度にして6強の激しい揺れと5メートルの大津波に

今も残る儀兵衛が私財を投げ打って造った堤防
（和歌山県広川町）

襲われ、399戸のうち125戸が流失し、36人が犠牲になった。この地震の際に儀兵衛は高台から海を見て津波がくると直感し、庭に積んであった刈り取ったばかりの稲の束、稲わらに火をつけ、海辺にいる人たちに火事だと思わせて、人々が駆けのぼってくるようにして避難を進めたという。このエピソードは1937年（昭和12年）から1947年（昭和22年）にかけて、「稲むらの火」のタイトルで小学校の教科書に取り上げられ防災教育に役立てられた。

さらに浜口儀兵衛は江戸と千葉県の銚子で大きな醤油屋を営んでいて、地震の後、漁船が壊れたり、田畑が被害を受けて村を離れる人が増えるのをみて、醤油の醸造で得た私財を使って村人を雇い、津波から村を守るための堤防を造った。4年がかりで造った長さ600メートルの堤防は、88年後の1946年（昭和21年）に起きたマグニチュード8・0の昭和南海地震で襲ってきた高さ4メートルの大津波から村を守った。広川町には現在もその堤防が残されていて、地元の人たちに語り継がれている。

「稲むらの火」はシンガポールやバングラデシュ、インドネシアなど8か国の言葉に訳されて防災教育に使われている。というのもスマトラ沖地震津波の際に、正しい知識があれば避難できることを世界に知らせたニュースが流れたからだ。スマトラ沖地震が起きた時に、タイのホテルに滞在していたイギリス人の当時10歳の女の子は、海岸の水が泡だって突然波が静かになったのに気づき、津波が来るのではないかと母親とホテルの従業員に伝えたことで、ビーチから100人ほどの観光客が避難できた。この少女は数週間前に学校で津波の勉強をしていたということだった。

私たちが地震や津波を忘れていても、時期が来れば必ず地震は起き、津波もやってくる。正しい知識をもち、適切な行動がとれる防災教育をそれぞれの地域で地道に続ける必要がある。

2　首都直下地震に立ち向かう

《首都直下地震の被害想定》

２０１３年（平成25年）12月19日、政府の中央防災会議の検討会が首都直下地震の被害想定を発表した。中央防災会議はこの8年前にも首都直下地震の被害想定を発表しているが、東日本大震災の経験を踏まえ、最近の地震研究の知見をもとに見直したものだ。国や東京都などの行政やライフラインなどの企業は、ここから様々な課題を読み取り、防災対策を見直す必要があるが、住民の立場でこの想定をどう受け止め、どう防災に生かしていけばいいのだろうか。

発表された被害想定には多くの項目が網羅されているが、その中から、命や暮らしを守る面から重要なポイントを紹介したい。

まず揺れの強さだが、都心南部の直下で、マグニチュード7・3の阪神・淡路大震災並みの地震が起きた場合、東京湾の沿岸部を中心に、東京、神奈川、埼玉、千葉の広い範囲が震度6弱以上の揺れになる。さらにその内側には、震度6強から7の猛烈な揺れになるところがでてくる。結果として前回の想定よりも強い揺れの範囲が広がっているが、それは関東地方に潜り込んでいるフィリピン海プレートが、以前考えられていたよりも浅いところに位置していることが分かったことなどの理由による。震源の深さは、前回の40キロより浅くなって25キロになった。

冬の夕方で風が強い場合の被害が大きく、いずれも最悪の場合、木造の住宅を中心に全壊したり、火事で焼失する家屋の数は約61万棟にのぼる。死者は約2万3、000人、経済的な被害は約95兆円に達する。

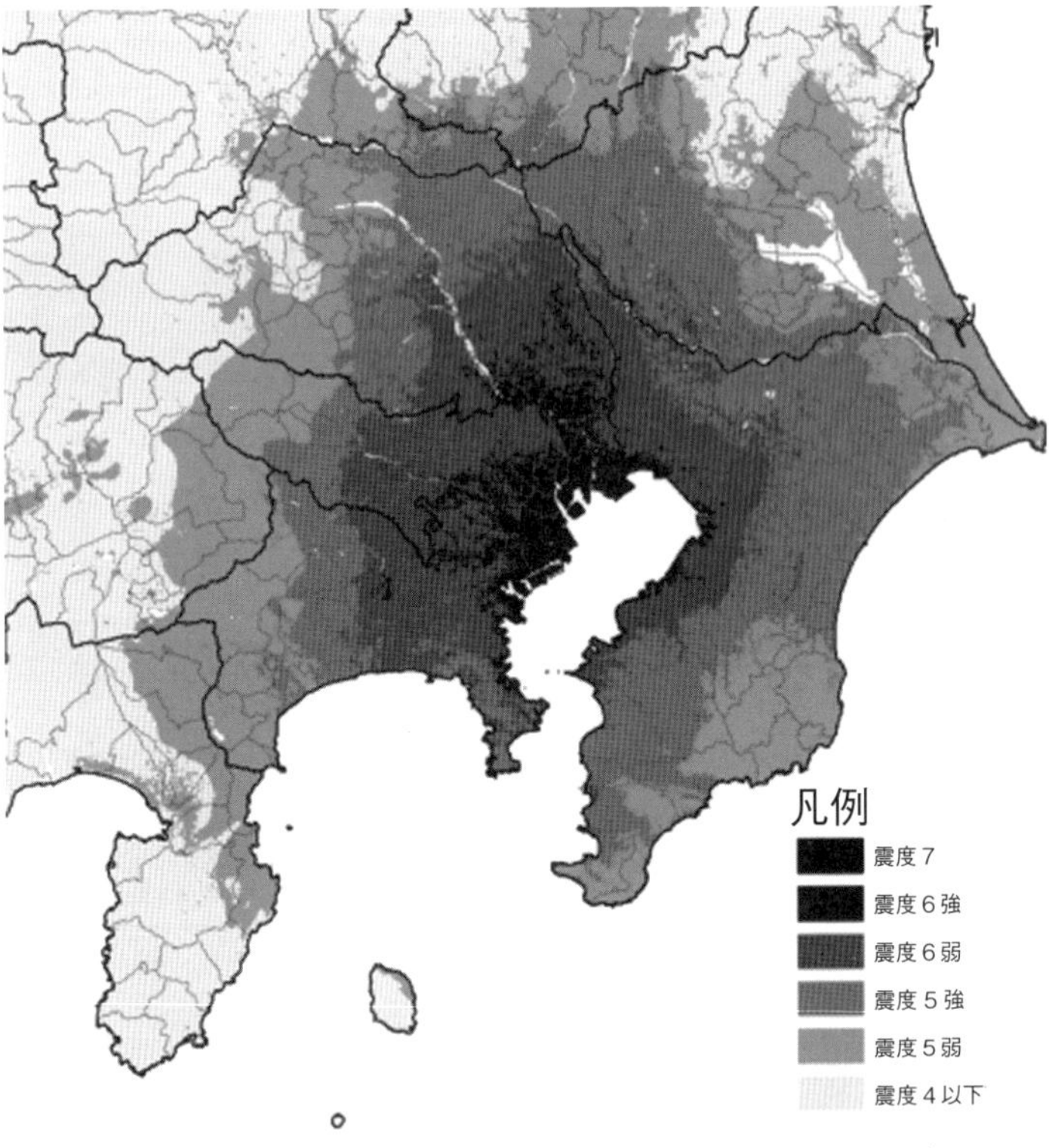

首都直下地震の震度分布（中央防災会議・都心南部直下）

このほか、壊れた建物に閉じ込められるなどして自力で脱出するのが困難になり、助けてもらわなければいけない要救助者が約7万2、000人、公共の交通機関が止まって、その日のうちに自宅に帰れない帰宅困難者が約800万人といった数字が並んでいる。

現実離れした数字のように見えるが、東日本大震災を思い出せば数字の見え方は違ってくる。この想定から読み取らなくてはいけないことは、「誰かがなんとかしてくれる被害ではない」ということだ。

《死者の数を減らす》

東日本大震災の後、津波対策に関心が集まっているが、首都直下地震で東京湾に発生する津波は小さく、1メートル以下とみられ、想定される死者のほとんどが建物の倒壊と地震の後の火災によるものだ。

したがって死者を減らすために最も重要なのが、建物の倒壊と火災による死者を減らすことだ。建物の倒壊と火災の被害には相関関係がある。地震で建物が倒壊して外壁がはがれるなどすると、木材がむき出しになって火がつきやすくなる上に、激しい揺れで行動の

【首都直下地震被害想定】（中央防災会議）

死　者	約2万3,000人
全壊・焼失棟数	約61万棟
避難者	約720万人
要救助者	約7万2,000人
帰宅困難者	約800万人
経済被害	約95兆円

自由が制限され初期消火がしにくくなる。

　阪神・淡路大震災でも、地震のあとに同時多発的に火災が発生し、それがもとで大規模な火災が起きたが、10万世帯あたりの出火率と建物の全壊率の関係をみると、住宅が壊れる率が高かった神戸市の長田区や灘区などの地域で出火率も高くなっていることがわかる。

　つまり首都直下地震の対策で最も重要なのは住宅など建物の耐震化だ。国土交通省によると、現在の耐震基準を満たしている住宅は平成10年は68％、平成20年には79％、平成25年に82％と上がっている。しかしまだ全国の住宅の5軒に1軒は耐震性が足りない状況だ。東京にも建て替えや耐震補強が進まない木造住宅の密集地が今も残されている。耐震化率を１００％にし火災対策を徹底できれば、壊れる建物と死者を10分の1にすること

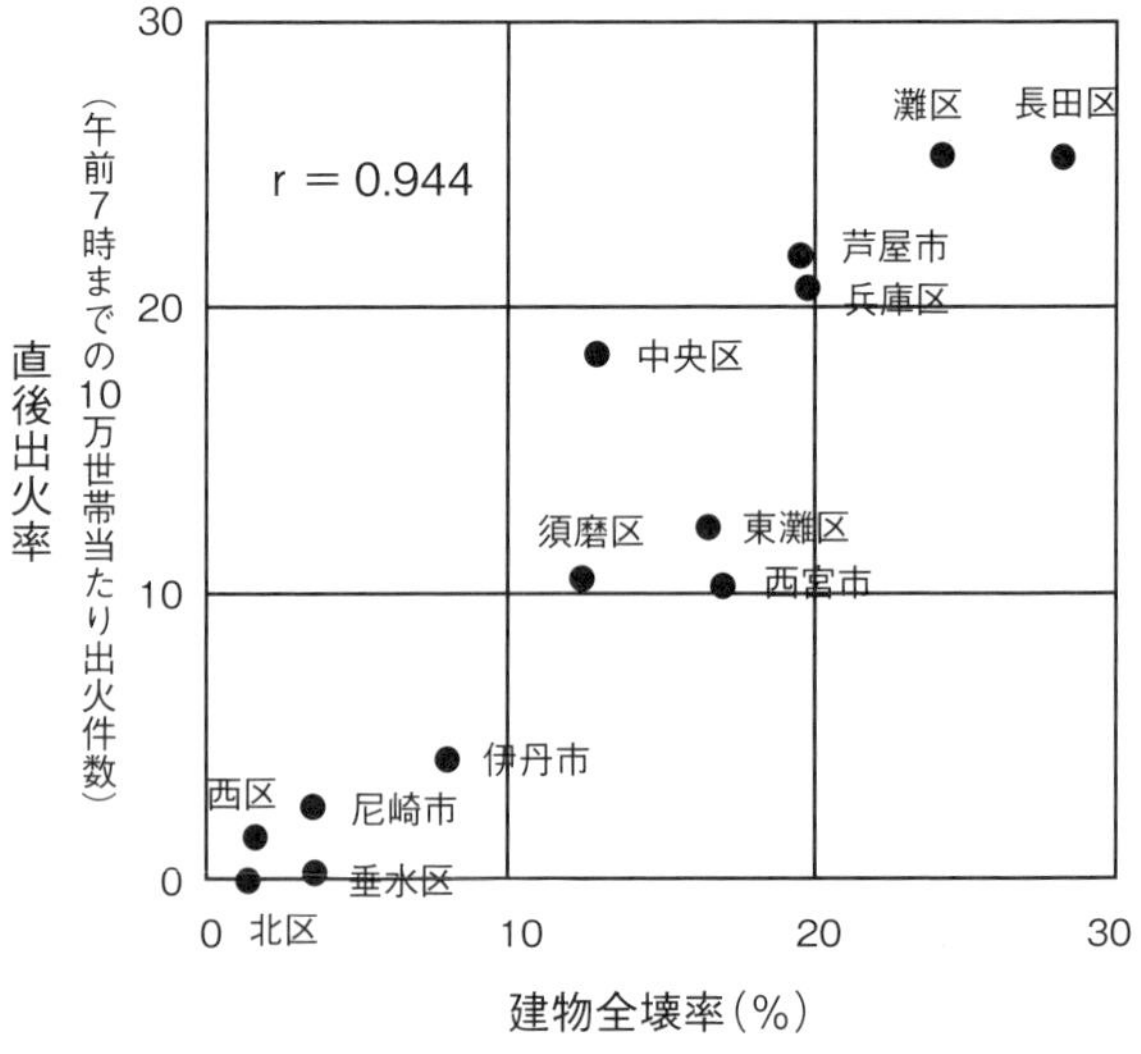

建物全壊率と直後出火率（総務省消防庁）

ができる可能性がある。

またケガ人を減らすためにも地道な対策が効果的だ。東京消防庁が最近の直下型地震のケガ人の発生状況を調べているが、2004年（平成16年）の新潟県中越地震でケガをして救急者で運ばれた人の原因で最も多かったのは家具類の転倒や落下によるもので、全体の41%を占めた。

かつて地震の被災地を取材した時に、多くの人が家具の落下などでケガをして病院に長い列を作っている中、家具の転倒防止などの対策をしていた家族が地震の当日からガレキの後かたつけをしている光景を目にしたことがある。首都直下地震でケガをする人は約12万3、000人にのぼると想定される。地震でケガをした人は助けられる側に回らざるをえないが、ケガをしない人は後かたつけをしたり、助けたりする側に回ることができる。この差は大きいと思う。

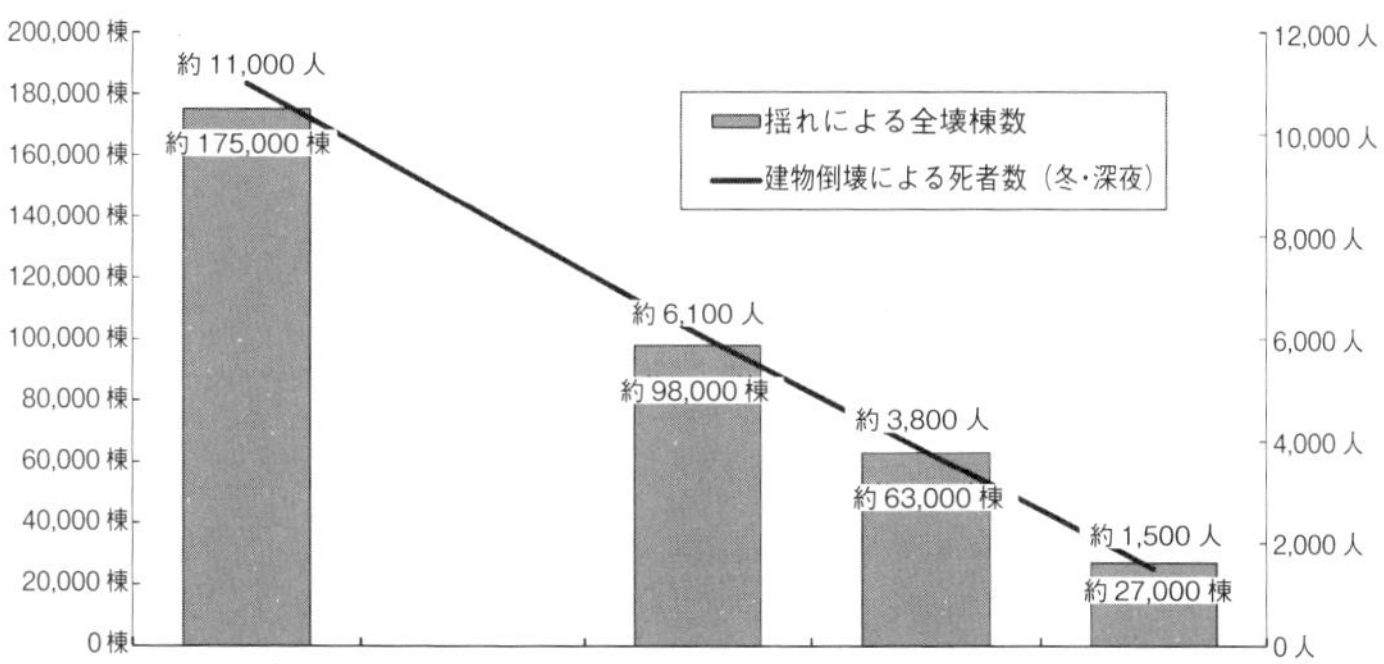

建物の耐震性の強化。都心南部直下（マグニチュード 7.3）が冬の深夜に起きた場合の被害（中央防災会議・首都直下地震対策検討ワーキンググループ最終報告（平成 25 年 12 月 19 日公表）より）

《地震の後が更に大変》

被害想定を読み込むと、地震の後に更に過酷な状況が襲ってくることがわかる。避難所には住宅が壊れてすぐにやってくる人ばかりではなく、電気やガス、水道などライフラインが止まって、自宅での生活が難しくなってやってくる人もいる。想定では首都圏の50％の地域で停電が発生し、長いところでは一週間経っても回復しないところがでてくる。このため避難者は、地震の翌日は300万人だが2週間後には720万人に増える。

さらに道路にひびが入ったり、陥没したり、ガレキが覆い被さって通れなくなり、主要道路が開通するだけでも1日から2日かかるとされている。東日本大震災では震源が500キロ離れたところで起きたにもかかわらず、東京を中心に一般道はほぼ1日渋滞が発生し、首都圏の帰宅困難者は内閣府の推計で515万人にのぼった。首都直下で起きる地震では、消防自動車や救急車などの緊急車両だけでなく、食料などの物資を運ぶのも、帰宅困難者が道路を歩くのも難しい状況になることが心配される。

《被害想定のつながりに目を向ける》

東日本大震災では食料や水が届くまでに一週間もかかったところがあったし、被災地を離れて避難した人も数多くいた。首都直下地震の被害想定がこれまでと大きく違っているのは、個々の被害が相互に関係し合って、更に被害が拡大していく恐れがあることを示していることだ。

これまでの被害想定は、個々の項目の被害と対策を別個に考えてきたが、ライフラインや道路の被害は消火や救助ばかりでなく市民生活を直撃する。

国や東京都などは、首都圏を取り巻く自治体への広域避難やあらゆる手段を駆使した救助や救援対策を再検討しておく必要がある。そのうえで住民は誰の助けがなくても、一週間ほどは家族や近所で暮らしていける自衛策がどうしても必要だ。

首都直下地震がどの程度迫っているかに答えるのは難しいが、地震は同じ場所で同じように繰り返しでやってくることが知られている。過去の地震の発生間隔をみると、関東地方では相模トラフで起きるプレート境界型の地震である関東大震災のような地震が200年ほどの間隔で起きている。問題はその前の100年ほどの間にマグニチュード7クラスの直下型の地震が頻発したことだ。

関東大震災からすでに100年近くが経ち、政府の地震調査委員会は、今後30年で首都圏でマグニチュード7クラスの直下地震が発生する確率は70％程度だとしている。いずれ、首都直下地震が発生することは覚悟しなくてはならない。

被害想定は、高層ビルができ、地下街が発達するなど高度に発達した首都圏が、大きな地震に見舞われた際にどんなことが起きる恐れがあるかを考える手がかりとなる。行政や防災機関、企業は危機意識を高めて対策に取り組む必要がある。また住民にも自分と家族の命を守るためにやるべきことがあることを教えている。

《事前防災の重要性》

地震の防災対策というと地震が起き後の救援や救助、それに避難所などの対策に目が向きがちだが、最近注目されているのは事前防災という考え方だ。首都直下地震の被害想定は、最も重要な事前対策は住宅など建物の耐震化だと教えているが、耐震化は期待されたほどに進んでいない。国は2020年に全国の耐震化率を95％にする目標を掲げているが、このままでは難しい状況だ。

なぜ耐震化は進まないいか。国土交通省が全国の20歳以上の男女600人余りに、耐震改修をしない理由を複数回答で聞いた調査がある。最も多かったのは「耐震性があると思っている」37％、それに「地震は起こらないと思っている」といった耐震化の必要性を感じていないという答えだった。次いで「耐震診断にお金がかかる」「耐震改修にお金がかかる」といったコストに関するものが20％、続いて「誰にお願いして良いかわからない」が10％、「費用、診断の適切性をチェックできない」といった業者や工事の信頼性に関わる答えとなっている。

全国の多くの自治体が耐震診断や耐震補強に補助を出す仕組みや業者を紹介する制度を作ってきたが、現在の制度は意識を持った住民が自ら相談に行かないといけない。耐震性がない古い住宅などに暮らしている住民の多くが高齢者や高齢者の世帯で、制度を知らない人も少なくない。そこで行政がもう一歩踏み込んだ取り組みをすることで耐震化の動きが出てきた自治体がある。東京の下町に位置し、木造住宅の密集地をかかえる墨田区と足立区だ。

《墨田区と足立区の取り組み》

墨田区が2011年度（平成23年度）から進めているのは、バリアフリーと耐震補強の工事を合わせて実施してもらおうというものだ。耐震補強の工事には踏み切れなくても、風呂場を改修したり、トイレや廊下に手すりをつけるなどのバリアフリー工事は、必要に迫られて実施する高齢者の世帯が多いことから、その際に一緒に壁を補強したり、筋交いを入れるなどの耐震補強をしてもらおうというのだ。1981年（昭和56年）以前に建てられた住宅で65歳以上の人が暮らしている場合、最大でバリアフリー工事には20万円、合わせて耐震化の工事をすれば、さらに最大で100万円の補助を受けることができる。墨田区では制度を知ってもらうために定期的に説明会を開いているほか、区の職員が対象となるすべての住宅を訪ねている。こうした活動で、墨田区の耐震化率は2006年度（平成18年度）の73・8％から2015年度（平成27年度）には88・7％まで上がった。

一方足立区では建て替えによって耐震化が進むことを視野に入れ、2011年度（平成23年度）から耐震診断や改修に加え、古い住宅の取り壊しにも補助を出すことにした。古い住宅が減れば、火災の延焼の危険性も減るという、住宅の公共的な一面に目を向けた取り組みだ。具体的には、区の耐震診断を受けて、補強が必要だと判断された住宅を取り壊す場合、最大で50万円までを補助することにした。制度が知られるようになって次第に利用者が増え、2016年（平成28年）8月までに1、600件近くの利用があった。この数字は同じ時期に耐震補強の工事をした住宅の2倍以上だ。足立区は毎年40回から50回、耐震化の住民説明会を実施していて、それによって住民の意識も変わってきていると話していた。このほか全国には、住宅全体の補強だと費用がかさんで二の足を踏む人が多いとして、普段生活したり、寝たりする部屋だけの補強にも補助を出している自治体もある。

政府の地震調査委員会は、今後30年以内に地震で震度6弱以上の激しい揺れに襲われる全国各地の確率を推計して地図の形で発表している。確率は関東や太平洋側、それに長野県から山梨県にかけての地域で高くなっているが、全国のどこにも確率0％の場所は存在しない。つまり住宅の耐震化は全国で取り組むべき課題で、誰にとっても他人事ではないのだ。

災害にはそれぞれ特徴があって、地震災害の大きな特徴はいきなり起きるということだ。したがって地震防災は事前の対策が決め手になる。熊本地震は事前に住宅の耐震化を進めることの重要性を改めて教えたと思う。

《東京都が進める緊急道路沿いの耐震化》

東京都では「東京における緊急輸送道路沿道建築物の耐震化を促進する条例」という長い名前の条例が２０１１年（平成23年）３月から施行されている。緊急輸送道路というのは、震災時に消防車や救急車だけでなく、救援や復旧のための物資の輸送などの車両が通る重要な幹線道路のことだ。

地震による建物の倒壊などで道路がふさがれてしまうと、緊急車両が通れなくなって大きな支障がでる。そこで都が指定した道路沿いの建物の耐震性をチェックし、必要に応じて補強してもらう。費用の一部は行政が負担する。建物の持ち主への地道な働きかけの結果、２０１７年（平成29年）６月の段階で、沿道の建築物の耐震診断実施率は96・９％になり、耐震化率は83・６％になった。行政の粘り強い取り組みが結果につながることを示している。

《高層ビルの家具や棚の固定の大切さ》

２０１１年（平成23年）３月、大きな地震が起きた際に発生するゆっくりとした長周期の揺れが、高層ビルに与える影響を検討してきた日本建築学会が報告書をまとめた。それによると長周期の揺れで高層ビルが「倒壊する可能性はほとんどない」ものの、今まで想定していなかった揺れで「内部などに被害が出る可能性が高い」としている。

大きな地震が起きると、ガタガタという周期の短い揺れとは別に、数秒以上の周期でゆっくりと繰り返される長周期の揺れが襲う。高層ビルの地震対策では建物そのものについては様々な対策が考えられているが、内部でどんな被害が出るかについてはあまりはっきりしていない。

阪神・淡路大震災の高層住宅の被害のデータをみると、家具の転倒率、住民の負傷率は、いずれも下層から中層、そして上層にいくほど被害率が高くなっている。負傷者でみると、下層の部分の４倍近い率になっている。

こうした揺れに襲われるとビルそのものは倒壊しなくても、建物によっては柱と梁のつなぎ目が壊れるなど構造に被害が出る恐れがある。またビルの内部では家具や棚などが倒れる恐れが高いだけでなく、エレベーターや設備が損傷を受ける恐れがある。

長周期の揺れが襲ってきた際の、超高層ビルの30階部分に相当する揺れを再現した実験の映像では片側1・5メートル、両側の振幅で3メートルもの揺れが270秒も続いた。つまり大きな揺れが5分近く続くことになる。これによって家具や本棚などが倒れたり、キャスター付きのコピー機が大きく動き回って壁にぶつかるなどして被害を出すことがわかった。

住宅やビルなど建造物には建物自体が持つ固有の周期があり、そこに同じ周期の地震の揺れが重なると〝共振現象〟を起こして揺れが大きくなる。木造住宅など小さな建物は固有の周期が短く、短い周期の揺れによって被害を受けるが、高層ビルなど大きな建造物は固有の周期が長く、長周期の揺れによって大きな被害を受けるのだ。

長周期の揺れには短い周期の揺れとは違った特徴が二つある。

一つは大きな地震ほど長周期の揺れが起きやすく、短い周期の揺れに

阪神・淡路大震災 高層住宅内被害（文科省大大特Ⅲ．２報告書から）
（19階建て、24階建て、29階建て３棟の平均値）

	家具の転倒率	負傷率
上層	64%	25%
中層	42%	17%
下層	24%	7%

比べて衰えにくいため、震源から離れた場所にも伝わりやいことだ。2003年（平成15年）の十勝沖地震の時には、震源から200キロ離れた苫小牧市で、高さ24メートル、直径43メートルの石油タンクが大きく揺れて火災が起き、44時間にわたって燃え続けた。

二つめは、軟らかい堆積層がある地盤のところでは、長周期の揺れが増幅されることだ。心配される南海トラフ地震や首都直下地震が発生すると、厚い堆積層のある首都圏や名古屋など中京圏、それに大阪など近畿圏では、長周期の揺れが増幅されて襲ってくるとみられている。人口の密集した大都市が長周期の揺れに弱いことは対策を考える上で見過ごせない。

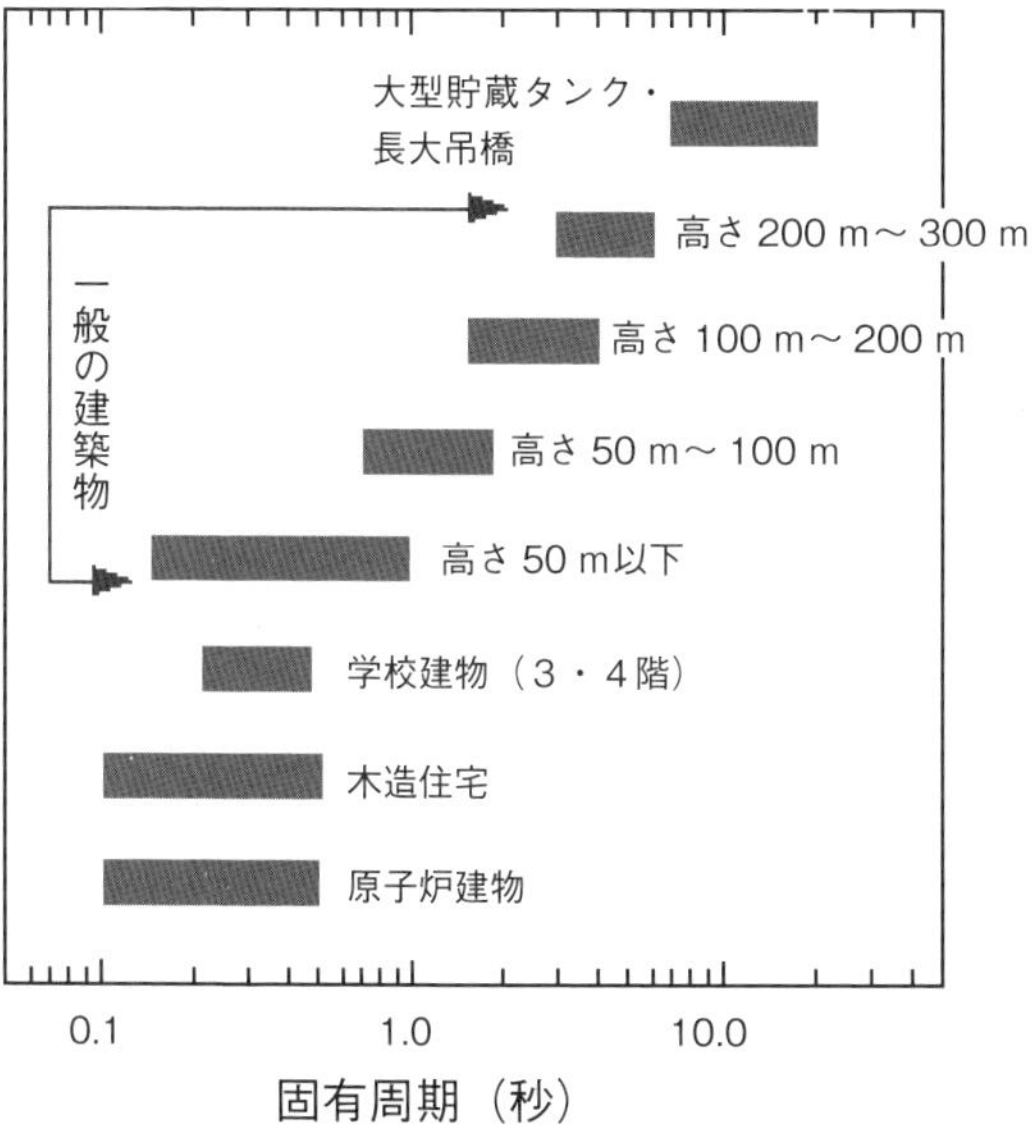

構造物の固有周期の分布（大林組技術研究所　大堀道広「強震動予測で対象となる周期範囲」より）

3　災害を語り継ぐ

《最近になってわかってきた震災障害者》

長年神戸市など阪神・淡路大震災の被災地を取材してきたが、数年ほど前から聞くようになったのが「震災障害者」だ。震災障害者は大震災によるケガなどによって身体や脳に障害を負った被災者のことだ。壊れた住宅の下敷きになって脊髄を損傷し、まっすぐに歩いたり手で物をつかめなくなった人や、ピアノの下敷きになって知的障害が残った人などがいる。多くの死者やケガ人が出た災害だから、そうした被災者がいることは予想できるが、この問題は生活再建や街の復興の陰に隠れてきた。

行政は大震災による負傷者1万6８２人という数字は発表してきていたが、その後の調査を10数年にわたってしてこなかった。また震災障害者や家族は、多くの人が亡くなったことから「命が助かったんだからいいじゃないか」といった周囲の声に、自ら声を上げることができなかったという。

震災障害者の存在を明らかにしたのは被災者を継続的に支援しているＮＰＯ「よろず相談室」などの努力によるものだ。「よろず相談室」の理事長の牧秀一さんは、定時制高校の先生をしながら復興住宅などで暮らす被災者の支援を続けてきたが、その活動を通じて「震災障害者」に出会い、「震災障害者と家族の集い」を開いたり、訪問したりしながら行政に対応を促してきた。

そうした活動が呼び水となって、大震災から15年経った２０１０年（平成22年）、兵庫県と神戸市が初めて調査したところ、少なくとも３２８人の震災障害者がいることが明らかになった。調査では震災障害者の57％が大震災で仕事を失ったものの、その63％の人が行政の支援を受ける窓口を利用してこなかったという。また半数以上の人がリハビリなどのために病院に通っていると答えた。

こうして大震災で命は助かったものの、突然障害者になり、家族や家、仕事を失い公的な支援の枠組みから見落とされていた人たちの姿が浮かび上がってきた。この結果を受け、兵庫県が震災障害者の相談窓口を設けたのは大震災から18年経った２０１３年（平成25年）のことだった。

震災障害者は長いこと忘れられた存在で、実際の人数は行政の調査よりも多く、この間に亡くなった人も多いと思われる。今後首都直下地震など大きな災害が起きれば、震災障害者は必ず課題になる。いまのところ震災障害者に的を絞った行政の支援策はない。検討しておくべきだと思う。

《若い世代につなぐ》

阪神・淡路大震災の被災地で時間が経過するにつれて課題になっているのが、震災経験の風化とどう向き合うかということだ。２０１６年（平成28年）で、神戸市では震災後に生まれたり市内に転入してきた人が人口全体の44％と半数近くにのぼっていた。

神戸市の中心市街地、三宮から東に2キロほど行った臨海部に、大震災の経験と教訓を伝えるために、２００2年（平成14年）に兵庫県が作った「人と防災未来センター」がある。ここでは映像で大震災を再現したり、地震が発生した「5時46分で止まった時計」などが展示されている。また44人の語り部ボランティアが震災の経験を語る活動をしている。

語り部ボランティアの話しの中で印象に残るのは「住宅の耐震化」と「地域のコミュニティ」の重要性である。２０１5年（平成27年）に取材した際、69歳の男性は、地震と共に『我が家が轟音を立てながら頭上に崩れ落ちてきたのです。降ってきた天井は、頭のすぐ上のところで止まってくれました』と話していた。男性の住宅は一階部分が完全に潰れたが家族は全員無事だった。その理由は『ローチェストの上に家の梁が落ちてきて生存可能な空間ができたこと、日頃から家具をすべて鴨居に金属で固定していたために、家具の転倒がなかったことの二つが大きかったと思います』『震災時には家そのものが凶器となり、命を奪う危険がある』と言っていた。

また70歳の女性は『地震なんて人ごと、ずっとそう思っていたから、何ひとつ防災の用意はなく意識もゼロに近い状態でした。突然襲ってきた大地震で、しばらくは何が起こったのかまったくわかりませんでした』と語り、避難生活の中で支えになったのは『人のぬくもりって本当に心強かったです。気持ちがつぶれてしまった時、友達をはじめボランティアの方々から声をかけていただき、自分を取り戻せたということが何度もありました』と話していた。

阪神・淡路大震災が起きる前、関西には大きな地震は起きないという、なんの根拠もない話しが多くの人に信じられていた。日本はどこで暮らしていても地震はいつ起きてもおかしくないということを改めて認識しておかなくてはいけない。

こうした語り部の人たちも兵庫県や神戸市などの行政で働いていた人も、被災者の支援をしているNPOなどの団体も、大震災当時、組織の先頭に立って活動した人たちが定年になったり高齢になって世代交代の時を迎えている。「人と防災未来センター」の語り部も平均年齢は73歳だった。

そこで「人と防災未来センター」では、震災を経験していない高校生や大学生が主体となって小中学生などに教訓を伝えていく試みが行われている。この中では、子供たちが興味をもって防災について学べるよう、震災で亡くなった人の遺族から聞いた話を紙芝居にまとめたり、被災した際にとるべき行動を「すごろく」のようなゲームにした取り組みなどが紹介されていた。大学生たちからは「震災を経験していない自分たちが語り継いでいかないといつか途絶えてしまう」とか「10年先まで伝えるためには、こうした活動を続けることが大切だ」といった言葉が聞かれた。

第5章　今後の防災対策を展望する

1　変わった国の防災・減災対策大綱

日本は災害の多い国だ。国土は世界の1％以下だが、世界の大きな地震の10％以上が起き、世界の活火山の7％に当たる111の活火山が存在する。そのうえ梅雨があって秋雨があって、台風が年平均で3個上陸する。

東日本大震災以降、東日本や北日本では地震の発生が多い状態が続いているし、今世紀の半ばくらいまでには発生するとみられる南海トラフ地震に向けて、東海地方から西日本にかけては内陸の地震が多くなる時期を迎える。さらには地球温暖化の影響が大きいとみられるが、かつてはなかったような豪雨が全国各地で降るようになり、洪水や土砂災害が拡大化する傾向がある。

加えて少子化や高齢化、地方を中心とした過疎化の進展は災害に対する社会の脆弱性を高めているとみなくてはいけない。災害は常に社会の弱い部分に大きな被害をもたらし、そこから被害を広げていくから、防災の観点から常に社会を点検しておかないと被害は拡大する一方だ。この章では今後の日本の防災対策のあり方を展望したい。

2014年（平成26年）3月、国の防災対策の基本的な方針である大綱が変わった。政府の中央防災会議は「大規模地震防災・減災対策大綱」を決定した。それまで「首都直下地震」や「東海地震」「東南海・南海地震」など甚大な被害が想定される五つの大規模な地震を対象に個別に対策の方針が示されていた。しかしいずれの地震でも住宅などの建物が壊れないようにすることや家具の固定を進めることが死者やケガ人を減らすために重要であること、また津波が心配される地域では避難場所や避難路を整備し、訓練を繰り返して避難態勢を作っておくことが大切なことなど共通する内容が多い上に、地域を限定しないで進めていく必要があることから一本化したものだ。

新たな大綱では津波対策に二段階の考え方が示されている。一段階目は「レベル1」で、数十年から百数十年くらいの間隔で襲ってくる発生頻度が高い津波に対しては堤防の高さを見直したり、耐震化を進めたりするハード面の対策を強化することとし、二段階目は「レベル2」で発生頻度は極めて低いものの、被害が甚大となる最大クラスの津波に対しては、津波避難ビルなどの指定を進めたり、避難計画を作ったりするソフト面の対策を強化するとしている。

この考え方の背景にあるのは東日本大震災で想定もしていなかった大きな地震が起き甚大な被害が発生したことから、想定外のことが起きる可能性があることを前提に、従来の国の防災対策を抜本的に見直す必要に迫られたのだ。

南海トラフ地震については被害想定を見直したところ、最大で34メートルもの津波が襲ってくる可能性がでてきたり、地震発生から数分で津波が来る恐れがあることもわかった。そうした最大規模の想定も、東日本大震災の被害を目の当たりにしてリアリティをもって受け止めることができるようになった。また首都直下地震も新たな知見を踏まえて想定を見直したところ、火災のデータは古いものしかなく関東大震災までさかのぼることになり、新たな視点から被害を考える必要があることがわかった。こうして南海トラフ地震は大きな揺れと津波、首都直下地震は揺れと火災を重点に対策を進めることになった。また2年に及ぶ議論からは、たとえば避難所の運営はかつては食料と水を用意すればよかったが、豊かで便利な時代を生きている人にとってはカセットコンロや洋式トイレなどの準備やプライバシーへの配慮などが不可欠で、そうした課題は日本全国に共通していることもみえてきた。

さらに議論が進むに連れて自助や共助の重要性もわかった。災害は大きくなればなるほど行政や防災機関の手にはおえなくなる。阪神・淡路大震災や東日本大震災では公的な支援がいき届かなかったり、遅れたりしたケースがあった。

「南海トラフ地震や首都直下地震はどの程度迫っているのか」と聞かれることがあるが、その疑問に答えることが今の科学では最も難しい。しかし過去の歴史が教えることは、南海トラフ地震も首都直下地震もいずれくることは覚悟しなくてはいけないということだ。

国の地震大綱の見直しは企業や地域、住民にとって決して無関係なものではない。自分と家族、企業や地域を守るためにやるべきことがあることを教えているからだ。

2　防災における市町村の責任

《災害時にトップがなすべきこと》

熊本地震から1年になるのを前にした2017年（平成29年）4月10日、熊本地震や東日本大震災などで大きな被害を受けた熊本市長や熊本県益城町の町長、それに岩手県陸前高田市長や宮城県石巻市長、さらには台風などの大雨で被害を受けた兵庫県豊岡市長や新潟県三条市長など15人の市町村長が、全国の自治体のトップに向けて、災害時にトップがなすべき事柄をまとめて発表した。

熊本地震など最近の災害では市町村長の判断が遅れたり、備えが疎かだったりして被害が大きくなったり、混乱が広がったりするケースが多かった。そこで実際に大きな災害を経験した自治体のトップが、自らの反省をもとに提言をまとめ、松本純防災担当大臣に手渡した。

内容は「自然の脅威が目前に迫った時には勝負の大半がついている。（中略）平時の訓練と備えがなければ、危機への対処はほとんど失敗する」に始まる『平時の備え』が7項目、「判断の遅れは命取りになる」「避難勧告を躊躇してはならない」など災害発生時の『直面する危機への対応』が5項目、さらには「トップはマスコミ等を通じてできる限り住民の前に姿を見せ、（中略）被災者を励ますこと」「大量のガレキ、ゴミが出てくる。広い仮置き場をすぐに手配すること」など『救援・復旧・復興への対応』が12項目の合わせて24項目だ。

自分たちの失敗を繰り返さないようにして欲しいとまとめられた提言は、防災省庁のガイドライン等に比べると率直な表現で、単刀直入に記されている。内容をみると地震に限らず、大雨の災害や火山の噴火など、大規模な自然災害に見舞われた際の対応として共通していることがわかる。

《提言の背景にあるもの》

こうした提言がまとめられた背景には大きくいって二つの理由がある。

一つは最近の災害で、市町村長の判断や市町村の対応に多くの問題があったことだ。２０１６年（平成28年）の熊本地震では、熊本県宇土市や益城町など五つの市と町で庁舎が壊れて使えなくなり、機能を別の場所に移さざるをえなくなった。災害時には被害の大きさに応じて市町村の業務量が増える。被害の確認、避難所の開設、被災者への食料や水などの供給、医療や介護の手当てなど普段の10倍以上だという。それを物理的なスペースが足りない仮の場所で、しかも日頃使っている住民の名簿

避難所で食料の支給に並ぶ被災者（熊本県益城町）

などの資料が十分にない中でやろうとすると、仕事が遅れたり、滞ったりする。また災害後に迅速に判断ができる体制を作れなかったことも熊本地震の反省で、益城町では災害直後に12か所の避難所ができたが、避難所の世話をするために、町の幹部を含めたほとんどの職員が張り付き、当初、災害対策本部の会議をすることができなかった。

二つめは災害対策における市町村長の責任の重さだ。現在の災害対策は地理的環境や地形、それに住民の年齢構成や住まいのあり方などの実情を踏まえて進めるために「自治体防災」という考え方が基本になっている。このため「地域防災計画の作成」「災害対策本部の設置」「住民に対する避難勧告や避難指示の発表」「自衛隊への派遣要請」など広い範囲でトップに責務を負わせ、強い権限を与えている。災害時には住民の命に関わる判断を市町村長がすることになっていることは住民も知っておいたほうがいい。しかし多くの自治体のトップは災害のプロではない。日本は毎年のようにどこかで大きな地震や水害が起きているが、一つ一つの市町村にとっては20年とか30年とかに一度襲ってくる稀な出来事だ。まして選挙で選ばれ、任期が4年のトップはほとんどの場合、生まれて初めて災害対策の指揮をとることになる。被災地で取材した何人かの市町村長は「災害時に待ったなしの判断を求められ、あれほど孤独を感じたことはなかった」と話していた。

最も重要なことは、災害時にはトップの判断に対策がスムーズにいくかどうかがかかっていることを市町村長自身が自覚して、日頃の備えを進めておくことだ。地震や水害などで庁舎が壊れたり、使えなくなったりしないよう建物を補強し、非常用電源を上の階に移して水に浸からないようにし、日頃から訓練を実施するなどして職員や住民の防災意識を高めておかなくてはいけない。そのうえで万一に備えて代替庁舎を考えておくことも必要だし、トップ自身が被災したり出張などで留守の場合に備えて、判断の代行順位を決めておくことも重要だ。つまりは災害時にも市町村の業務が継続できるようにしておく必要があり、国はそうした事柄を書き込んだ「業務継続計画（ＢＣＰ）」を作るよう求めているが、全国の１、７４１の市町村で、２０１６年（平成28年）の４月現在で作っているところは半分以下の41・９％（７３０市町村）にとどまっている。

《提言が突きつけるもう一つの課題》

提言の内容とトップの責任や役割をみてくると、別の課題が浮かび上がってくる。それは提言が現在の自治体防災のありかたにつきつけている課題だといっていい。自治体とトップに災害時の重い責任を負わせながら、そのための研修や判断を補佐する仕組みがないことをどう考えたらいいかという問題だ。二つの視点から提言したい。

一つは自治体のトップへの研修制度を作るとともに、判断を支える体制の整備が必要だ。現在、内閣府や消防庁、それに阪神・淡路大震災の教訓を生かすために作られた兵庫県の「人と防災未来センター」がトップへの研修を行っているが、あくまで希望する自治体が対象だ。選挙で当選したら必ず災害を経験した市町村長から直接研修を受けるような仕組みを作って、長期にわたってトップをつとめる人には再研修を受けてもらうようにするといった制度を作る必要がある。また多くの自治体が災害対応する部署の職員を2、3年で交代させているが、災害対策には過去の災害や対策を検証する視点が必要だし、対策全般に精通するには時間がかかる。トップの判断を補佐するための人材を長い視野に立って育成することも重要な課題だ。

二つめは自治体防災を補完する広域防災の検討が必要だ。最近の災害の広がりや深刻さをみると自治体防災の限界は明らかだ。2015年（平成27年）栃木県の鬼怒川が決壊した際、住民は隣接するつくば市に避難する方が早く、安全だった地区があったが、常総市は市内の避難所に行くよう呼びかけて混乱した。今後心配されている利根川や荒川などが決壊した際の首都圏の大規模水害では、埼玉県と東京都で100万人を超える人が避難を余儀なくされる恐れがある。その際に市区町村の中だけで避難を考えることは難しく、またそれぞれが独自の判断でバラバラに避難勧告を出したら道路が渋滞するなどして大混乱に陥りかねない。今後の巨大災害に立ち向かうためには、現在の災害対策に欠けている広域防災の検討を急ぐ必要がある。

提言をまとめたメンバーの一人である熊本県益城町の西村博則町長は「熊本地震が起きた際、災害経験のある市町村からのアドバイスには助けられた」「想定外をなくして備えることの重要性を全国のトップに伝えたい」と話していた。毎年のように起きる大きな災害。そこで毎年のように繰り返される市町村の対応の遅れや失敗を繰り返さないために、内閣府と消防庁は提言を全国で生かすとともに、自治体防災の限界と広域防災についての議論を深める必要がある。

3　災害情報と放送メディア

《マスメディアと地域メディアが力を合わせる》

メディアとしての放送の大きな特徴は「同時性」と「広汎性」にある。今起きていることを、同時進行のかたちで多くの人に伝えることができるということだ。この放送の特徴を最も発揮できる対象が災害だといっていい。刻々と変わっていく状況を伝えながら、行政や企業や住民に警戒を呼びかけ、避難を促し、被害の軽減に結びつけることができるからだ。

ＮＨＫや民放などのマスメディアもケーブルテレビやコミュニティＦＭのように地域に密着したメディアも、災害情報を伝えるという意味では同じ役割を担っている。しかしその対象や情報の中味は状況によって少し違う。たとえば日頃から防災につながる情報を伝えるという点では同じだが、いったん災害が発生した後の情報は、広い範囲の多くの人を対象とするマスメディアと地域ごとのきめ細かい情報を伝えることを得意とする地域メディアでは、おのずと視聴者のニーズも役割も異なっている。

大きくいって災害情報には、日頃から防災意識を高め、備えを進めておくことの重要性を伝える事前の段階と災害の危険性が高まってきた際に避難を促す緊急時の段階、それに災害発生後に二次災害を防ぎ、救援や救助に結びつく事後の段階の三つの段階がある。

それぞれの段階でメディアがそれぞれの特徴を生かして力を合わせて放送することで、災害情報は「被害を軽減する」という目的を達成できるはずだ。被害を少しでも減らしていくために重要なことは、災害の発生が迫った際に危険な地域にいる人に危険が迫っていることを伝えて安全な場所に避難してもらうことだ。また災害後に地域で助け合いながら二次災害の被害を減らしていくことも重要で、それらの取り組みを支えるためには、広い範囲の多くの人に情報を伝えるマスメディアとともに、比較的狭い範囲の人たちにきめ細かい情報を伝えるケーブルテレビやコミュニティFM放送のような地域メディアの双方が役割と責任を果たしていくことが欠かせない。

《普段の情報が〝いざ〟というときに生きる》

災害時の情報というと、危険が迫ったときの緊急時の情報を思い浮かべがちだが、〝いざ〟というときの情報が生かせるかどうかは、普段からどのような情報が伝えられているかにかかっている。

２００４年（平成16年）10月、台風第23号が西日本を縦断して大きな被害を出した。中でも兵庫県豊岡市は、市内を流れる1級河川である円山川が2か所で決壊して市内が水浸しになり、逃げ遅れた住民約８００人が消防や警察などのボートやヘリコプターで救出された。豊岡市は円山川が決壊する5時間前に避難勧告を発表し、4時間前には避難指示に切り替えて、防災行政無線などで伝えた。にもかかわらず、実際に避難した住民は、避難の対象となった約4万2、000人のうち10％に満たない約3、800人だった。なぜ住民は避難しなかったのか。災害の後、豊岡市が自治会長にアンケート調査をしたところ、「避難勧告と避難指示の意味がわからなかった」などといった答えがかえってきた。

つまり豊岡市は「避難勧告」という情報で危機感を伝え、「避難指示」に切り替えることで、更に危険が迫っていることを伝えようとしたのだが、その危機感は住民には伝わらなかったということだ。災害時の情報は伝える側と受け取る側に共通の認識がないと力を発揮することが出来ない。つまり行政やメディアは、日頃から災害の危険が迫ってきたら「避難勧告」という情報が発表され、更に危険が高まってきたら「避難指示」という情報に切り替えられ、一刻も早く避難する必要があることを伝えておく必要があるのだ。

災害時に住民に避難を呼びかける行政はむろんのこと、NHKなどのマスメディアもケーブルテレビなどの地域メディアも、日頃から災害時の情報の意味やその受け止め方を伝えておく必要があるということだ。

《緊急時の情報は複数のメディアで》

災害情報によって命を救うことが重要な時代になった中、危険が迫っている地域の人たちに、危険が迫っていることを伝えて避難を促すことは直接命を救うことにつながる。

２００４年（平成16年）７月、梅雨前線の影響で新潟県や福島県に猛烈な雨が降って、信濃川水系の五十嵐川や刈谷田川などが決壊し、広範囲が浸水して大きな被害が出た。

この災害の後に群馬大学と国土交通省北陸地方整備局が被害の大きかった三条市、見附市、旧中之島町（現在は長岡市）の三つの市と町の約１万６００世帯の住民に、災害情報をどのような手段で伝えて欲しいかと聞いたところ、住民が求める伝達手段は、三条市が一番はテレビ、次いで広報車、三番目が防災行政無線の防災スピーカー、四番目が町会役員などからの口伝えだった。見附市は一番が広報車、二番が町会役員などからの口伝え、三番目が防災スピーカー、四番がテレビだった。また旧中之島町は一番が防災スピーカー、二番が広報車、三番が町会役員から口伝え、四番がテレビとなって、三つの市と町で順番がバラバラとなった。

この調査結果は緊急時に災害情報を伝えるためには、テレビも広報車も防災行政無線の防災スピーカーも自治会の役員などからの口伝えも必要だということを意味している。多様な生活をしている様々な世代の人たちに災害情報を伝える手段は、複数なければいけないと受け

災害情報をどんな手段で伝えて欲しいか（３位までの複数回答）

三条市	見附市	旧中之島町
①テレビ	①広報車	①防災スピーカー
②広報車	②町会役員から口伝え	②広報車
③防災スピーカー	③防災スピーカー	③町会役員から口伝え
④町会役員から口伝え	④テレビ	④テレビ

（群馬大学工学部・国土交通省北陸地方整備局）

とめる必要がある。ここにケーブルテレビやコミュニティFMなども含めた多くのメディアの役割がある。最近は災害情報を携帯電話やツイッターなどのSNSなどで伝えたり、受け取ったりしている人たちがいることを考えると、そうした手段も加えていく必要がある。つまりは緊急時の大事な情報はマスメディアや地域メディアはむろんのこと、個人に向けて情報を伝える携帯電話など、およそ考えられるすべての伝達手段で繰り返し伝えることが重要だ。

《二次災害を防ぐ災害後のきめ細かい情報》

ひとたび災害が発生すると、日常に比べて多種多様な情報ニーズが発生する。

東日本大震災の発生当日に首都圏の住民がどのような情報が欲しかったかを聞いた調査をみると「家族の安否」が73・2％で最も多く、次いで「地震・津波の規模や発生場所」が57・6％、「余震や津波の今後の見通し」が40・2％、「道路・鉄道の開通、運行状況」が40・0％、「地震・津波の被害」が37・3％の順だったが、「電話の状況」が13・8％や「電気・ガス・水道の復旧の見通し」が13・1％、「食料・生活物資・燃料などの情報」が11・6％だった。

それぞれの人たちの置かれた状況によって求める情報のニーズが違っていることがわかる。災害の直後は多くの人が不安を抱えているだけに、それぞれの立場や状況の人たちに応じて、必要とする情報を正確に、しかもきめ細かく伝えていく必要がある。

社会の不安がデマや流言を生み、社会に混乱が広がりかねないからだ。阪神・淡路大震災の直後には「震度」と「マグニチュード」が取り違えられ、「マグニチュード6クラスの余震がくる恐れがある」という情報を「震度6の地震が起きる」と受け止めた人がいて気象台に問い合わせが相次いだ。東日本大震災の際には「また同じような津波がくる」とか「化学工場から危険な物質が拡散した」という根拠のない噂で不安が広がった。また熊本地震では「動物園からライオンが逃げた」という合成写真がネット上に広がり被災地では確認に追われた。こうした社会の混乱を避けるためにもメディアは常に正確な情報を伝え続けなくてはいけない。

ＮＨＫなどマスメディアは対象となる地域が全国だったり、都道府県といった広い範囲で、情報の受け手となる人の数が多い。このためマスメディアが伝える情報は電気・ガ

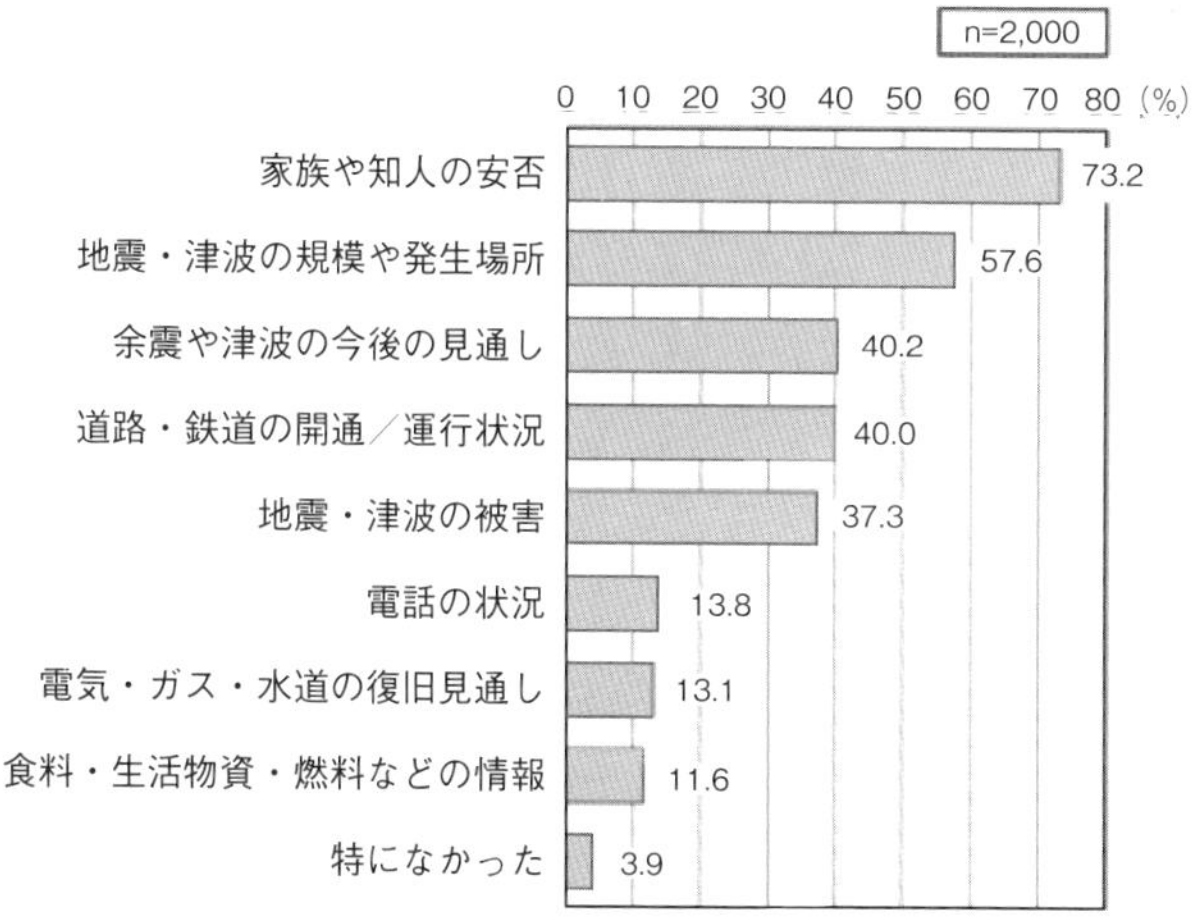

地震当日に知りたかった情報
東京大学大学院情報学環『情報学研究　調査研究編　2012 No. 28』
「東日本大震災における首都圏住民の震災時の情報行動」

ス・水道といったライフラインや交通機関の復旧情報、役場や公共機関の情報など特定の地域に偏ることが少ない一般的な内容を伝えるのに適している。一方、食料や医療など物資の供給や給水車の予定など詳細な生活情報は市町村よりも小さな町内や避難所単位で求められる情報で、ケーブルテレビやコミュニティFMなど地域メディアが詳細に伝えることが期待される情報だ。仮にマスメディアが小さな町内や避難所単位の情報を伝えたとしても、視聴者は一日中テレビやラジオを見聞きすることが難しく、自分に関わる情報がいつ放送されるかわからないために、なかなか必要な情報が得られないということになってしまう。

したがって災害発生後は、すべてのメディアがその特性を生かす必要がある。それによって混乱した社会を安定させ、二次災害を減らし、復旧や復興に向けた気運を高めていく。つまり災害発生後はそれぞれのメディアが特性を生かして、多種多様な情報を重層的に伝えていくことが重要なのだ。

東日本大震災が起きた時、私はラジオを担当し、地震や津波、行政の支援などの解説だけでなく、寒さの中で練炭や炭で暖をとっている被災者がいると知って「換気をしないと一酸化炭素中毒になる危険がある」とか、「自動車の中で避難生活をしている人は体を動かし水分をとらないとエコノミークラス症候群になる恐れがある」などと呼びかけた。またＮＨＫでは地方ごとの放送でスーパーや銭湯、病院などの生活情報を伝えたが、そうしたきめの細かい情報はまだまだ足りなかったと思う。災害発生後の多様多種な地域ごとの情報はマスメディアだけでは十分に伝えきれない可能性があるのだ。

《災害情報が命を救う》

かつては地震の情報は事前と事後しかなかった。地震はいきなり起きるから、事前の防災対策を呼びかける情報と地震発生後の被害や復旧、復興に向けた情報だけだったが、2007年(平成19年)から地震の大きな揺れがくる前に情報を出して被害の軽減をはかる「緊急地震速報」が始まった。当時「緊急地震速報」をどう伝えるかについては議論があって、混雑したイベント会場や高速道路などで伝えると逃げ惑う人や急ブレーキを踏む人がでてパニックになるのではないかと心配する声があった。しかし多くのメディアが「緊急地震速報」の仕組みや利用方法を丁寧に説明したことで、大きな混乱なく利用が進んでいる。大きな揺れの数秒から10数秒くらいしか余裕のない難しい情報を、国を挙げて防災に利用しているのは世界でも日本だけだ。放送メディアの存在なくして利用は考えられない災害情報だといえる。

このほかにも様々な災害の分野で情報が次々に作られてきた。火山では噴火警戒レベルに応じて、求められる防災対応を決めた「噴火警報」が2007年(平成19年)から、市町村ごとに土砂災害の危険性を伝える「土砂災害警戒情報」が2008年(平成20年)、そして最大限の警戒を呼びかけるための「特別警報」が2013年(平成25年)から始まり、災害情報によって命を救う取り組みは加速する一方だ。

災害情報は命に関わる情報で、誰かがわかっていれば、わからない人がいてもいいわけではない。子供から高齢者までが一度聞いたら誤解なく理解でき、自分がどう行動すればいいかがわかる情報であることが望ましい。

災害の被害を減らすために、災害情報の役割とメディアが果たす役割は一段と重いものになっているといわなければならない。NHKや民放のようなマスメディアもケーブルテレビやコミュニティFMなどの地域メディアも、更に工夫を凝らして災害の被害を減らしていくために努力していく必要がある。

4 減災時代のハードとソフトのベストミックス

《東日本大震災の想定を超える被害》

2011年（平成23年）3月に起きた東日本大震災はマグニチュード9・0の超巨大地震だった。地震や防災の専門家も東北から関東にかけての沖合いで、これだけ大きな地震が起きることは想定していなかった。震災前に政府が検討対象としていた東北地方の太平洋側で起きる地震の規模は、三陸沖北部の地震がマグニチュード8・3から8・4、宮城県沖の地震が連動型でマグニチュード8・2、明治三陸地震がマグニチュード8・6だった。実際に襲ってきた津波も想定を大きく超えた。政府が検討対象にしていた三陸沖北部、宮城県沖、それに明治三陸タイプの地震による津波の想定を大きく上回る高さ10メートルから15メートルの大津波が襲ってきた。中でも、大津波がほとんど知られていなかった宮城県中部から福島県や茨城県では思いもよらない大きな被害が出た。

この被害の大きさに、多くの研究者や専門家が地震の直後から「想定外だ」と繰り返した。「想定外」とはどういうことだったのだろうか。津波情報と堤防の整備の二つの側面からみていく。

まず津波情報だが、3月11日の午後2時46分頃に地震が発生した際、気象庁は地震の規模をマグニチュード7・9と推定し、3分後の午後2時49分に大津波警報を発表した。予想された津波の高さは宮城県で6メートル、岩手県と福島県で3メートルだった。

ところが実際は気象庁が推定した45倍のエネルギーをもった地震だった。津波の高さの予測を修正したのは、実際に襲ってきた大きな津波を沖合いのGPS波浪計が観測してからだった。地震か

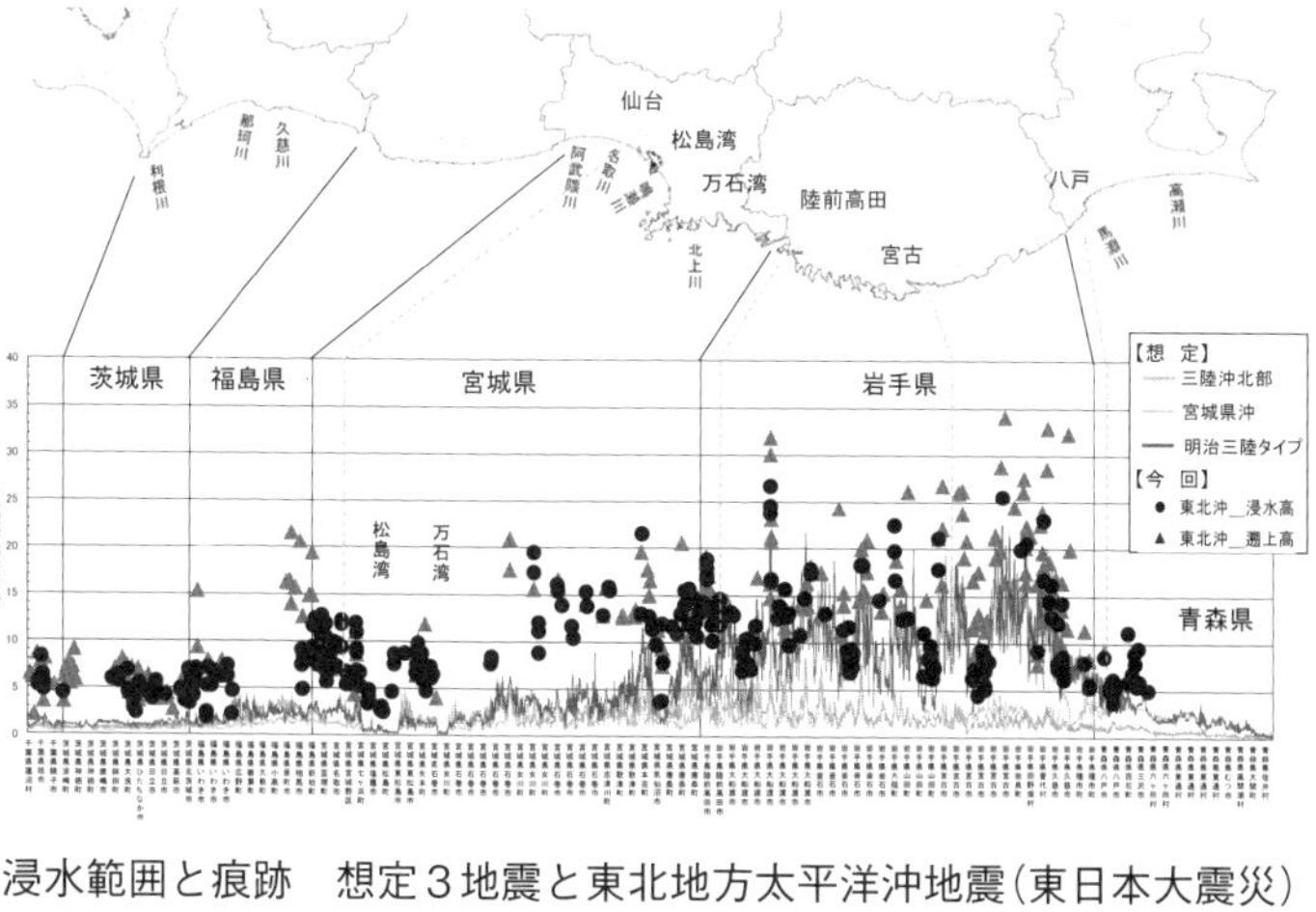

浸水範囲と痕跡　想定3地震と東北地方太平洋沖地震（東日本大震災）の津波の浸水高、遡上高の比較（中央防災会議）

ら30分ほど経った午後3時14分に宮城県で10メートル以上、岩手県と福島県で6メートルに修正し、さらに午後3時30分には岩手県と福島県も10メートル以上に引き上げた。沿岸に津波が襲ってくる10分ほど前のことだった。

それでもマグニチュードが9・0に引き上げられるまでには2日かかった。そこには東北地方の太平洋側ではマグニチュードが9・0になるような地震は起きないとの思い込みがあった。

二つめは堤防の整備についてで、壊れた堤防の被害調査からみえてきた。国土交通省が東日本大震災で被害にあった堤防を調べたところ、津波が堤防を乗り越えて陸側に勢いよく流れ落ちたために、堤防の陸側の根元の土が掘られて土台が崩れてしまうケースが多かった。堤防の陸側が土のままだと72％が全壊、または半壊だったが、堤防の陸側が道路などになっていてコンクリートで覆われていると逆に87％で被害がなかった。

国土技術政策総合研究所が、東日本大震災で壊れた仙台平野の堤防の25分の1の縮尺の模型を作って実験したところ、堤防を乗り越えた津波が陸側の根元の土を掘ることで、陸側の壁や

東日本大震災の地震と津波の情報の経緯

3月11日(金)	午後2時46分	地震発生
		マグニチュード7.9と推定
	午後2時49分	大津波警報
		岩手県 3m 宮城県 6m 福島県 3m
	午後3時14分	岩手県 6m 宮城県 10m 福島県 6m
	午後3時30分	岩手県・宮城県・福島県 10m
	午後4時	マグニチュード8.4に引き上げ
	午後5時30分	マグニチュード8.8に引き上げ
3月13日(日)	午後0時55分	マグニチュード9.0に引き上げ

てっぺんを保護していたコンクリートが崩れたことがわかった。わずか1分ほどのことだった。

堤防が簡単に壊れたのには理由がある。従来の堤防は1896年（明治29年）の明治三陸津波や1960年（昭和35年）のチリ地震津波など、過去に襲ってきた津波を想定し、その被害を防ぐことを目標に造られてきた。したがって波の一部が水しぶきのようになって堤防を越えることはあっても、大量の津波が陸側に流れ込んでくることを想定していなかった。つまり堤防の補強は海側に重点が置かれ、陸側はほとんど考慮されていなかったのだ。したがって技術的にみると、大量の津波が想定を超えて堤防を乗り越えたのだから堤防は壊れて当然ということになる。しかし多くの住民は大津波が襲ってきても、堤防の高さを超える津波だけが襲ってきて、一定の時間は持ちこたえて守ってくれると感じていた。これもまた想定外の被害である。

《東日本大震災が変えた防災の考え方》

東日本大震災の想定外の被害を受けて、政府の防災に対する考え方が変わった。それまでは『過去に起きたことがわかっていて、今後も起きる恐れがある地震と津波』を想定してきた。しかし今後は、次の大きな地震が想定外とならないよう『科学的に考えられる最大規模の地震と津波』を想定することにした。つまり東日本大震災は防災対策の前提を変えたのだ。

この新しい考え方に基づき、2013年（平成25年）5月にまとめられたのが南海トラフ地震の被害想定だ。それによると地震の規模は東日本大震災と同じマグニチュード9クラスで、東海から西日本の広い範囲で最大で震度7の猛烈な揺れと高さが20メートルから30メートルに達する大津波が襲う恐れがあるとしている。

東日本大震災が変えたのは対策の前提だけではない。「防災」から「減災」へと被害を減らす手法も変わった。「防災」は、たとえば津波の被害を堤防などの施設で防ぎ、いわばハード対策で自然の力を抑え込んで被害を出さないようにしようというものだ。これに対して「減災」は自然災害が常に想定を超える恐れがあることを踏まえ、自然の大きな力をかわしたり、やわらげたりしながら、被害を最小限に抑えることを目指す。

施設を整備するハード対策と住民の避難態勢などを整えるソフト対策は車の両輪だが、東日本の被害状況はハード対策の限界を明らかにし、ソフト対策の重要性をクローズアップした。東日本大震災後の政府の報告書は、想定を超える津波が襲ってくることを踏まえて「避難を中心とした対策」を進める必要があると記述している。

しかし高度経済成長の時代以降、防災はハード対策が中心で、ソフト対策は補完的な役割を担うとされてきただけに、そうした記述や説明に違和感を持った自治体や住民が多かった。中には「防災対策をソフトに丸投げさ

東日本大震災の津波で壊れた堤防
（岩手県陸前高田市）

れたように感じる」という人もいた。

そうした受け止めがあった背景にあるのは、「今後、どうハードを整備していくか」や「住民の避難を後押しするハードをどう整備するか」などの説明が不十分だからだ。

《始まった粘り強い堤防造り》

２０１６年（平成28年）３月５日、仙台平野の仙台市から山元町までの約26キロの区間に、津波が乗り越えても簡単には壊れない粘り強い構造の堤防が完成した。また静岡県の駿河海岸では、全国で初めて現在ある堤防を粘り強い構造に変える工事が始まることになった。補強工事を行うのは静岡県の焼津市、吉田町、牧之原市にまたがる長さ約12キロの高さ６メートルから８メートルの堤防で、心配される南海トラフ地震で地震発生からわずか数分で１メートルを超える津波が襲ってくる恐れがある。

粘り強い堤防にするための補強は主に３か所だ。一つは陸側の根元が掘られないようにするために地盤を改良してコンクリートで覆う。次に陸側の壁を厚くして崩れにくくする。三つめは堤防のてっぺんの部分に補強を施して壊れにくくする。工事にかかる費用は従来よりも13％ほど高くなるが、堤防が全壊する危険性を減らし、壊れるまでの時間を長くすることを目指すという。

国土技術政策総合研究所が、新型の粘り強い堤防がどのくらい持ちこたえられるかを実験した。津波の高さや継続時間などによってバラツキがあったが、おおむね3分くらいは持ちこたえることができた。従来の堤防に比べて2分長く持ちこたえたことになる。

この2分には防災上大きな意味がある。ウェザーニューズと東北大学（今村文彦教授）、それに京都大学（矢守克也教授）が、東日本大震災で津波の被害にあった北海道から千葉県の沿岸までの5、200人余りについて地震発生から何分後に避難したかを分析した。すると生存者は平均で19分で避難を始め、亡くなった人の平均は21分だった。生と死がわずか2分の差で分かれたのだ。したがって堤防が1分でも長く持ちこたえることができれば、その分だけ住民が避難する時間を稼ぐことができ、被害を減らすことにつながる。また高齢化や過疎化の進展で避難に時間がかかる地区は少なくない。

しかも東日本大震災で襲ってきたのは1、000年に1度といわれる巨大津波だ。もっと低い津波であれば、粘り強い堤防はもっと長く持ちこたえられる可能性がある。さらに浸水の被害を減らす効果も期待できる。東日本大震災で仙台平野では約

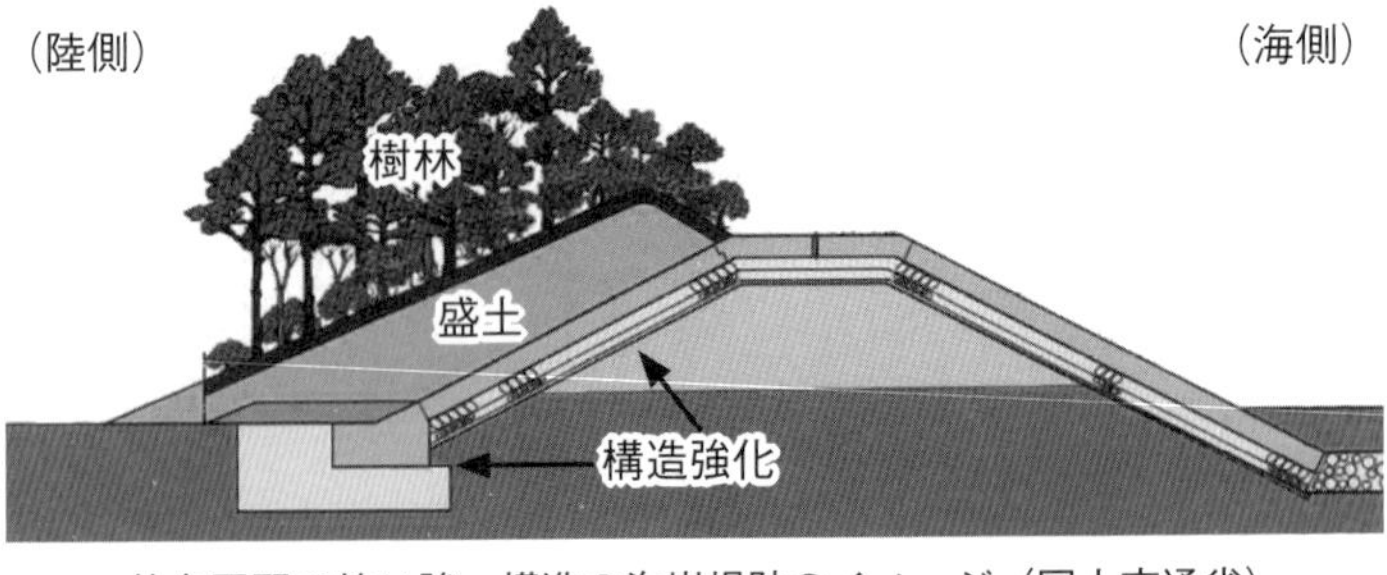

仙台平野の粘り強い構造の海岸堤防のイメージ（国土交通省）

1万6、000ヘクタールが浸水し、水深は深いところで2メートル以上に達した。しかし堤防の決壊が3分持ちこたえられれば、2メートル以上浸水する面積は9%減少し、5分ならば22%減らせる計算だ。

堤防がどのくらい守ってくれるかという整備状況が、背後の土地利用のあり方を決め、避難にどのくらいの時間的余裕があるかの目安になる。つまり効果的なソフト対策のためのハード対策を進めることが重要なのだ。

今後のハード対策は、住民にその役割がきちんと理解され、住民の避難を助けるという視点をもつ必要がある。国土交通省と土木関係者は東日本大震災の被災地に新たに造る堤防だけでなく、南海トラフ地震の被害が心配される東海から西日本の地域でも、堤防を粘り強い構造に補強するなどの対策を急ぎ、住民の避難を後押ししていく必要がある。

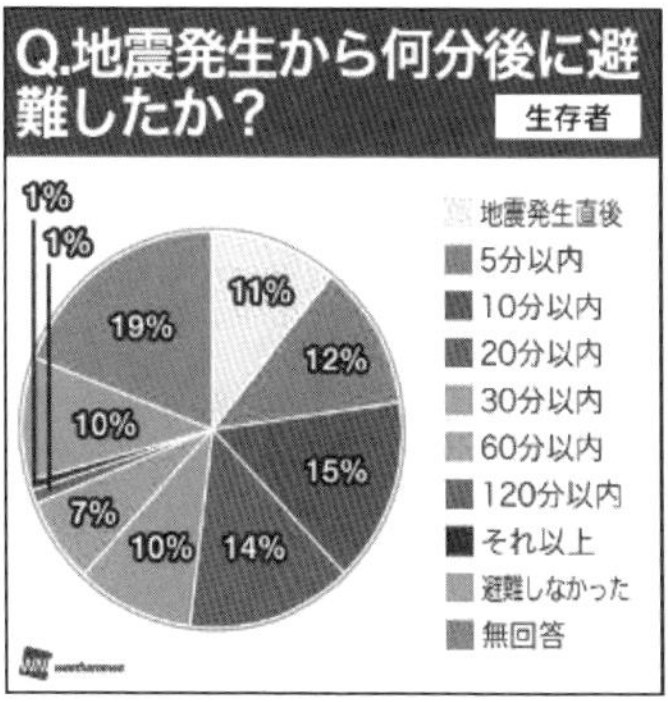

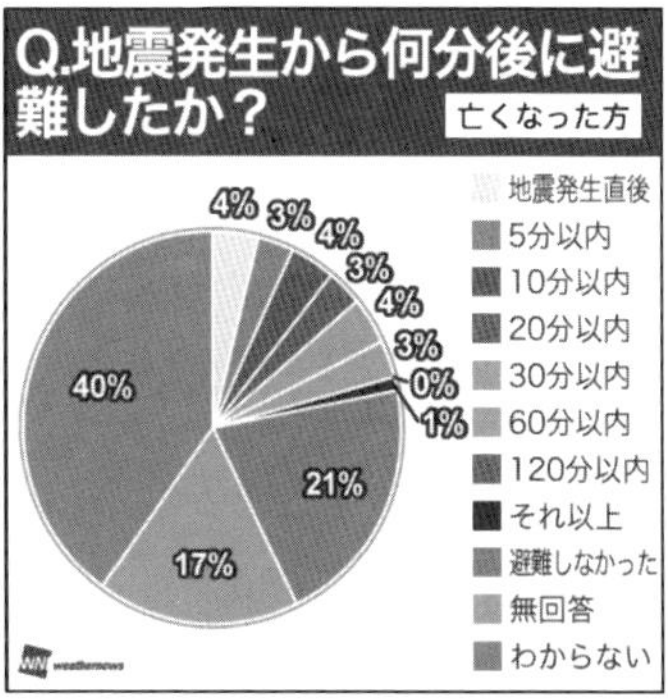

東日本大震災津波調査（ウェザーニューズ、東北大学、京都大学）より

《静岡県袋井市の「命山」》

東日本大震災以降、全国の沿岸地域で様々な津波対策が進められているが、静岡県袋井市では古くから伝わる対策を生かした「命山」を造った。「命山」は高潮対策として、江戸時代に作られた人工の小高い山だ。今から300年余り前の1680年（延宝8年）、江戸時代最大級といわれる台風が遠州地方を襲い、平坦な土地が広がっている袋井市周辺では、避難する場所がなくて300人以上が亡くなった。この災害の後、村人たちは高潮の避難場所として人工の小高い山を造った。その時に作られた高さ3・7メートルの「大野の命山」と高さ5メートルの「中新田の命山」の二つの命山が現在も残されている。

そうした歴史にヒントを得て、袋井市は津波の避難場所として、「平成の命山」を造った。2013年（平成25年）に完成した「平成の命山」は、海抜10メートルの小高い山で頂上の広場には約1、300人が避難できる。

多くの自治体が鉄骨の避難タワーを造っているが、避難タワーは避難の時と訓練の時しか使えない上に、耐用年数は50年ほどで維持管理も難しい。それに比べると「命山」は300年経っても残り、桜の木などを植えることで、常日頃から地域の人たちに親しんでもらい維持管理してもらうことも期待できる。

日常的に親しんでいる場所をいざという時の避難場所にすることは、防災が地域社会に根付いていくための重要な視点だ。過去の災害は、普段の生活の延長線上に防災対策が位置づけられていないと役に立たないことを教えている。つまりは「防災の日常化」を促すハード対策が求められているのだ。いつの時代も、その時代にふさわしい社会基盤の整備と維持管理、つまりはハード対策が必要で、それは最大規模の災害を想定し「減災」を目指す中でも進めなくてはならない。地形や敷地の確保などの制限で「命山」を造れないところもあるが、ハード対策とソフト対策の密接な関係を踏まえた試みは評価されていい。

《減災の鍵となるソフト対策》

東日本大震災が津波防災に教えた最大の教訓は、早めの避難が最も重要だということだった。今後、国は科学的に考えられる最大の津波を想定して防災対策を進めることにして津波の高さにレベルをつけた。過去繰り返し襲ってきた津波の高さは「レベル1」で、堤防などハードの施設で防ぐことを目指す。しかし東日本大震災のような最大規模の津波は「レベル2」で、こちらは堤防の限界を超えるとして、避難を中心としたソフトの対策を進めていく方針だ。

災害時の避難を進めるために、行政や防災の専門家も、地域や住民もそれぞれすべきことがある。まず国や自治体は公

平成の命山（静岡県袋井市）

共工事について、これまで以上に丁寧な説明することが求められる。これまでは堤防などを作る際、いかに効果があるかを重点的に説明してきたが、それだけでは堤防ができて安全になるという情報しか地域や住民には伝わらない。堤防を上回る大津波が襲ってくる可能性があることや、その際には堤防が壊れる恐れがあることもきちんと説明しなくてはいけない。

相手が自然である以上、常に想定を超える場合を考え、いかに高い堤防が整備されても、それを越える津波が来る恐れがあって、素早い避難が最も重要だということを自治体は住民と繰り返し確認し続ける必要がある。

その上で、防災を行政任せにしない地域社会と住民の取り組みが重要だ。災害の規模が大きくなったり、深刻化する傾向があり、それを受けて国の防災の考え方が変わったのに、地域社会や住民が従来の考え方から抜け出せないと被害は拡大する一方だ。

東北地方の三陸沿岸には高さが10メートルを越える堤防が各地に造られていたが、東日本大震災の大津波はそれらを簡単に乗り越えた。現地で話しを聞くと、「見上げるような高い堤防があったから、津波は来ないと思っていた」とか、「高い堤防があって海が見えない環境に暮らしていたから、海に近い場所にいることを忘れがちで避難が遅れてしまった」という声を聞いた。ハード対策の本当の難しさは、ハードの施設がひとたび整備されると、それに頼りがちな人間を作ってしまうことにある。

改めて言うまでもなく、防災対策はハードとソフトの二つの対策を車の両輪のように進めることが重要だ。想定外をなくそうという動きは、最近になって洪水や土砂災害、火山など様々な種類の災害に広がっている。だが、私たちの社会は確かな形での減災の仕組みやシステムを持ちあわせていない。

災害によって、地域によって、課題は異なるし対処の仕方も違う。過去の災害の履歴を調べた上で、地形や土地利用のあり方、さらには住民の高齢化率や過疎化の状況など地域性を踏まえて、ハードとソフトの新たな防災対策のベストミックスを探る試みが必要な時代になったのだ。

おわりに

2017年（平成29年）の秋から、国士舘大学防災・救急救助総合研究所で防災を担当している。国士舘大学は1991年（平成3年）に救急車の中で医療行為を行う救急救命士が国家資格として誕生したのを受けて、2000年（平成12年）に4年制大学として日本で初めて、救急救命士の受験資格を取得できる学科を創設した。また2011年（平成23年）の東日本大震災を受け、2013年（平成25年）からは防災知識とともに、応急手当や避難所の設営などを実践形式で学ぶ防災教育を始めた。そして平成28年熊本地震や平成29年7月九州北部豪雨など大きな災害が頻繁に発生するのを目のあたりにして、2018年（平成30年）の4月からは災害の多い時代を生き抜き、地域や社会に貢献できる人材を育成するために防災教育の対象を全学部の学生に広げることとした。

東洋経済のまとめによると、国公立を含めた全国の大学で卒業生が公務員になった人数は、2017年（平成29年）の卒業実績で、国士舘大学は473人と13番目になっていて、防災の知識やノウハウを身につけることを求められる職業を目指す学生が多い。中でも消防士になった卒業生は100人もいて全国で1位だ。また伝統的に警察官になる学生も多い。

30年余り自然災害や防災の分野を取材してきたが、この本では東日本大震災以降最も大きな地震災害となった熊本地震と39年ぶりに見直しが行われた東海地震対策の取材を中心に地震防災について考えた。

災害は常に社会が潜在的に抱えている問題を浮き彫りにし、加速させる。最近の災害では高齢者の被害が多く、災害後の支援でも高齢者の課題が目立っている。また被災地の復旧や復興の過程で高齢化が進展するケースがほとんどだ。それは災害によって高齢者の問題がにわかに発生したというよりも、日常社会の中に隠れたり、埋もれたりしている高齢化社会の様々な問題が、災害をきっかけに一気に表面化し加速するからだ。したがって日頃から高齢者の問題に向き合っていない自治体や地域社会には、災害時の高齢者対策はとれないということになる。

各地を取材して対策の問題点や課題を指摘することが多かったが、中にはスムーズに進んだ自治体や地域の対策もあって、全国で参考にすべきだと思ったことも多かった。そうした事例に共通していたことは、過去の教訓を生かして事前の準備と訓練をしていたことだ。災害が起きてから行き当たりばったりにやったら、すべてうまくいったという対策はみたことがない。

また防災は決して裏切らないというのも取材から得た教訓だ。やっておいたが役に立たなかった対策や準備はなかったからだ。自治体や企業や事業所も、地域や家庭も、やれると思ったことをやれる範囲でやっておけば、その分だけ役に立つのが防災のいいところだと思う。つまりは日頃の備えがいざというときに最も重要なのだ。

この国の防災のレベルをもう一段高いものにするためには、防災に対して多くの人に関心をもってもらう必要がある。防災の知識やノウハウは誰かが知っていればいいというものではなく、できるだけ多くの人が学び、身につけておくべきものだからだ。そのためには小中学校や高校、大学で防災教育を行うことが重要で、地域の防災を引っ張っていけるリーダーを育てる必要がある。

東日本大震災のときの岩手県釜石市や宮城県気仙沼市の子供たちの例を思い出せば、防災教育は子供の力を引き出すだけでなく、地域に広がり、世代をつないでいく可能性をもっていることがわかる。学生と一緒に学び直してみたいと思っている。

昔から井上ひさしさんの小説や戯曲が好きだが、井上さんには『むずしいことをやさしく、やさしいことをふかく、ふかいことをおもろく』と書いた色紙がある。

防災の知識やノウハウは子供から高齢者までが知っていて欲しいし、わかっていて欲しい。したがって防災にとって「やさしさ」や「わかりやすさ」は最大の価値の一つだと思っている。この本では今後の防災のために考えておかなくてはいけないことをできるだけやさしく、わかりやすく書いたつもりだ。

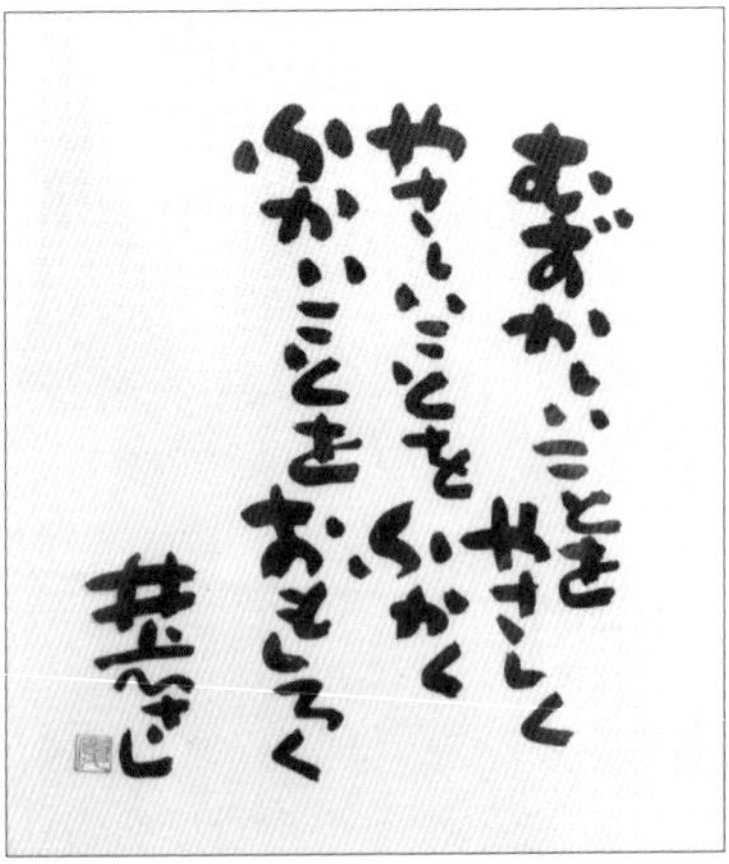

井上ひさし氏の色紙

近代消防社の三井栄志社長には熊本地震以降の取材を本にまとめることを再三薦めていただいた。また編集の石井政男さんには原稿のチェックと校正を丁寧にすすめていただいた。改めて感謝申し上げたい。

日本はこれまで多くの災害で大きな被害を出してきたが、その中で学んできたことも多い。人は災害に対して決して無力ではないのだと思う。

２０１８年（平成30年）３月

国士舘大学防災・救急救助総合研究所 教授
（元ＮＨＫ解説委員）
山﨑　登

【著者紹介】

山﨑　登（やまざき　のぼる）

昭和29年、長野県大町市生まれ、昭和51年にNHK入局。平成12年、NHK解説委員（自然災害・防災担当）。平成21年、NHK解説副委員長。これまでにイラン地震、阪神・淡路大震災、台湾地震、有珠山噴火、三宅島噴火、東海豪雨災害、新潟県中越地震、ニューオリンズのハリケーン災害、東日本大震災、平成28年熊本地震などを取材。平成29年10月より、国士舘大学防災・救急救助総合研究所教授。

著書に、「災害情報が命を救う～現場で考えた防災～」（近代消防社）、「地域防災力を高めるやったといえるシンポジウムを！」（近代消防社）、「防災から減災へ　東日本大震災の取材ノートから」（近代消防社）、「災害情報論入門」（共著・弘文堂）、「気象・災害ハンドブック」（共著・NHK出版）、「火山に強くなる本」（共著・山と渓谷社）など。

地震予知大転換

最近の地震災害の現場から

平成三十年四月十三日　第一刷発行

筆　者　山﨑　登

発行者　三井　栄志

発行所　株式会社近代消防社

〒一〇五―〇〇〇一　東京都港区虎ノ門二丁目九番十六号

（日本消防会館内）

TEL　〇三―三五九三―一四〇一

FAX　〇三―三五九三―一四二〇

URL = http://www.ff-inc.co.jp

振替 = 〇〇一八〇―五―一一八五

　ISBN978-4-421-00913-2 C2030

検印廃止　Printed in Japan

落丁本・乱丁本はお取り替えします。

定価はカバーに表示してあります。